やどかりブックレット・障害者からのメッセージ・10

過去があるから今がある 今があるから未来がある・2

結　婚
和子と進のラブストーリー

やどかりブックレット編集委員会 編
菅原 和子　菅原 進 著

発刊にあたって

　1997(平成9)年4月にやどかり情報館(精神障害者福祉工場)が開設し,私たちは1997年から「－精神障害者からのメッセージ－私たちの人生って何？」というタイトルで体験発表会を行っている．これは,昨年度はやどかり研修センターの事業の一環として,今年度からはやどかり出版文化事業部の事業として行っているものである．

　やどかり情報館は精神障害者が労働者として働く場であると同時に,障害をもった私たちが私たちならではの情報発信の基地としての役割を果たしていくことを目指して開設された．

　早いものでこの原稿を書いている時までに11回の体験発表会を開催し,今は12回,13回の体験発表会の企画を立てている．

　この会が始まったきっかけは,精神障害者自らがその体験や思いを語ることで,精神障害者に対する誤解や偏見を

改め，正しい理解を求めたいということだった．そして，「私たちにだって人生はあるんだ，生きているんだ，私たちの人生とは何だろう？」という問いかけを自らに，そして周りの人たちに投げかけ一緒に考えていきたい，そんな思いを込めていた．また，やどかりの里では日本の各地からの要請で自らの体験を語るために講師として出向く仲間が増え，単に体験を語るだけでなく，お互いに学び合いながら講師としての力をつけていくための場が必要であると考えたのである．

　こうして第1回，第2回と体験発表会を進めていくうちに体験発表会に対する考え方に少し変化が生じてきた．精神障害者からのメッセージということで，精神障害者ということを非常に意識し，理解を求めようと動いてきたが，「人生とは？」という投げかけは，障害のあるなしに関わらず全ての人に共通した課題ではないかといった思いである．障害の種別を越えて，共感できたり，共通の課題を見出し，共に考えていくことも大切なのではないかと考えるようになった．そのためには他の障害を持った方々にもその体験を発表してもらい，交流がはかれたらという思いが強くなっている．

　そこで改めて，体験発表会という形で一般の方々に集まって聞いてもらい全体で討論することで，参加してくれた方々が改めて自分の人生について考えるきっかけになるように，そんな気持ちを込めて企画運営している．

　当初体験発表会は，講師としての力をつけたい，同じや

どかりの里の仲間に聞いてもらいたい，といったやどかりの里の内部に向けての企画であった．そして第1回の体験発表会について埼玉新聞が取り上げてくれたことがきっかけとなりやどかりの里関係者以外の参加者が足を運んでくれるようになった．また，情報館のある染谷の地の人々に私たちの活動について知ってもらいたいとの思いをこめ，情報館のみんなで体験発表会の案内を染谷地区の各戸に配って歩いた．何回か継続するうちに少しずつではあるがその効果が表れ，案内を見て寄ってみたという近所の方々の参加がみられるようになってきている．

また，この体験発表会には，精神障害を体験した人々が，自分たちと同じ経験をしてほしくないという思いが込められている．病院生活の辛い経験を味わってほしくないし，社会に出てからもそんな苦しい思いをしてほしくない．体験発表会で語ることで，少しでも，現状が良くなっていったらという願いがこもっている．

今回のブックレットの発刊は，この4月からやどかり研修センターがやどかり情報館の活動からはずれ，やどかり出版に文化事業部の活動が新たに位置づいたことに端を発し，さらに昨年1年間の実績で私たちが語り合ってきた「障害をもちつつ生きる」という体験が多くの方々に共感を得ているという手ごたえを感じていることから夢を育んできたことが実を結んだものである．第1回から第4回までの体験発表会はやどかり出版の発行する「響き合う街で」6号に掲載されているが，できれば自分たちで企画する本

づくりを進めていきたいという思いがふくらんでいったのだ．やどかり出版の編集者との2人3脚で，ブックレットづくりの夢が現実のものとなっていった．やどかり情報館で開催する体験発表会に参加できる方はどうしても限られてしまう．でももっと多くの人々にこの思いを届けたい．

　地域で孤立して生きている人たちや，まだ病院に入院している人，はじめて病気を体験し，とまどっている人，病気や障害があっても地域の中で，その人なりに暮らしていきたいと思っている人々，そんな人の手にもこの本が届いていくことを願っているのである．

　このやどかりブックレットに私たちの思いをこめて，全国の仲間に届けたい．

1998年9月

やどかりブックレット編集委員会

目　　次

発刊にあたって …………………………………………… 3

はじめに ………………………………………………… 10

和子と進の往復書簡 …………………………………… 15
　1988. 8. 29　菅原さんへ　イナゴより ………… 16
　1989. 11. 6　菅原さんへ　イナゴより ………… 17
　1989. 11. 25　菅原さんへ　和子より ………… 19
　1989. 12. 18　稲垣さんへ　進より ………… 20
　1989. 12. 21　菅原さんへ　和子より ………… 23
　1990. 2. 21　菅原さんへ　和子より ………… 25
　1990. 2. 28　稲垣さんへ　進より ………… 26

和子と進のラブストーリー …………………………… 29
　働くことに夢中になって ……………………… 30
　自立と孤立の違いに気づいて ………………… 32
　自分の納得できる生き方を選ぶ ……………… 33
　2人の出会い …………………………………… 34
　価値の転換——一般就労から作業所へ ……… 35
　社会復帰よりも社会参加を …………………… 36

初めてのデートでプロポーズ …………………	38
お互いの家を行き来して ………………………	39
両親も進さんの人柄を理解して ………………	40
楽しかった交際 …………………………………	42
和子6回目の入院〔1988（昭和63）年3月15日〕…	43
うれしかったお見舞い …………………………	44
幻聴が聞こえてきて ……………………………	45
苦しかった妄想の経験 …………………………	47
進〔1989（平成元）年10月21日～1990（平成2）年4月〕大宮厚生病院に入院（3回目の入院） …	49
進クローバー社社長となる ……………………	52
和子やどかりの里の援護寮入寮 ………………	53
初めての喧嘩 ……………………………………	54
埼玉県精神障害者連合会（ポプリ）の結成〔1991（平成3）年〕 ………………………………	55
ウェディングドレスが着たい …………………	57
54名の参加者で108の目に見守られて結婚する〔1994（平成6）年6月6日〕 …………………	58
結婚1年目の正月〔1995（平成7）年正月〕 …	59
母であり，姉であり，妹でもある妻 …………	60
2人のことを見守ってくれた両親 ……………	62
グループホームのリーダーとして ……………	63
2人の結婚生活 …………………………………	64
全国精神障害者団体連合会（全精連）とのかかわり（進―48歳で副代表） …………………	66

作業所で働いて ……………………………………… 68
　　夫婦の暮らし ………………………………………… 71
　　結婚してからは１度も入院していない ………… 73
　　不安を抱えながらもアメリカへ研修旅行に ……… 74
　　アメリカの当事者運動を見てみたい …………… 76
　　ホームステイ先での思い出 ……………………… 78
　　世話女房な和子さん ……………………………… 80
　　やはり日本人でよかった ………………………… 81
　　私の人生観（進） ………………………………… 82
　　精神障害者Ａで終わりたくない ………………… 84
　　お互いの支え合い ………………………………… 85
　　やどかりの里と私 ………………………………… 86
　　ピアカウンセリングへの思い …………………… 87
　　仲間が支えるメンバーのSOS …………………… 89
　　職員に言えなくても，メンバー同士でなら言える　91
　　妻とのくらしの中で支え合うことを知る ……… 91
　　いろいろな活動を通して見えてきたこと ……… 92
　　身近に迫っている老人問題 ……………………… 93

手紙　家族から和子・進へ ……………………… 97
　　1984. 2 . 16　進へ　母より ……………………… 98
　　1984. 11. 23　進へ　母より ……………………… 100
　　1985. 5 . 4 　進へ　母より ……………………… 103
　　1986. 10. 29　進へ　姉さんより ………………… 106
　　1986. 11. 5 　進へ　姉より ……………………… 108

2002. 11. 8　進，和子様　好男兄より ………… 110

おわり ……………………………………………… 112

　　　　　　　　　　　扉デザイン　工藤　紘子
　　　　　　　　　　　カット　　　黒崎　夢

はじめに

　この本はブックレット第10号目になる．そして，菅原夫妻のパート２になる．パート１では平凡なお嬢さんであった和子さんが社会の重みに耐えかねて図らずも病に犯された．そして進さんは中学を卒業し，社会の荒波に飲まれ病を負ってしまう．そして２人はやどかりの里に辿り着く．題名のとおり正に，２人の旅人がやどかりの里に辿り着くまでの軌跡，であった．
　そして，このパート２は２人がやどかりの里で出会って結婚に至り，現在も幸せに暮らしている軌跡が描かれている．これはまさにラブストーリーである．
　和子さんはやどかりの里では私の先輩にあたる．何回かの入院をくり返し，やどかりの里の爽風会にいたころ，私も病を負いやどかりの里に辿り着いた．そしてもう20年来のつき合いになる．和子さんは自分では結婚願望が強く，いい子ぶりっこだと言っているが，そんなことはない，普

通のお嬢さんである．いつもにこやかで優しい和子さんが私の前にいた．

　進さんはやどかりの里では私の後輩にあたるが偶然にも，私と同じ年である．進さんは団塊の世代という競争社会に生まれ，日本の高度成長の真っ盛りの時に金の卵ともてはやされ，東京に就職する．私はそんな若い時から苦労している人たちとは違い高校に入り普通の生活を送っていた．今，進さんの文章を読み返してみると，その苦労がたいへんなものだったんだなと思う．

　そして今，私はある事情から１人暮らしを始めている．これは乳児日傘(おんばひがさ)で育った私がやっと自立したということになるのであろうか．

　進さんはよく孤立と自立について語る．人からは税金払えるような人間なれ，母親から人に迷惑をかけないように生活をしろ，と叱咤激励され，苦労された進さんがそこにいる．そして，自分の人生は自分で選ぼうと決意し，働くことを断念してやどかりの里の作業所に通うようになる．そして一般就労という枠組みに捉われない生き方を始める．曰く社会復帰より社会参加だと，今までの孤立的な生き方から変わろうと，それは画期的な進さんの変化であった．このことはやどかりの里の理念にも影響を受けているのかもしれない．

　そして，和子さんとの結婚である．確か今から７，８年前であろうか，私もやどかりの里で行われた２人の結婚式に参加した．今でもその日のことは忘れることができない．

皆に祝福された2人がそこにいた．様々な出来事のなかで愛を育み，そして結婚，10年が経った．2人は相変わらず仲が良い．お互い助け合い，友達のような，親子のような，兄弟のような2人がいる．まことに独身者の私にとっては羨ましい限りである．

　幾多の困難に出会いながらも，進さんは逃げない．そして全精連の会長などもやり，公私ともも忙しい．そんな進さんを陰で支えているのが和子さんである．和子さんの生き方は，あたかも山本周五郎の世界に出てくる世話好きで，貞淑な女性だと私には思えてならない．

　この2人のブックレットのパート2は2人の愛の物語である．これでもか，これでもか，と続く2人のラブストーリーである．そして，2人は皆に愛され，信頼され幸せな日々を送っている．進さんは演歌が好きで，和子さんといっしょに歌を聞いたり，歌ったりする．共通の趣味を持っている．今和子さんはドリームカンパニーに，進さんはやどかりの里の受付業務，ポプリの会長などをやり生活を送っている．これからもお幸せに暮らしていくことを私は願っている．そしてこの本が多くの精神障害者の方々に読まれ，病を負っても，結婚してこんなに幸せな生活ができるんだよ，ということを伝えたい．他にも関係者の方々，もちろん精神障害者について何も知らない一般の方々にもぜひ読んでもらいたい．

　私は望んでやまない．2人の旅人がこれからも幸せに仲良く人生を全うし，夢を持って暮らしていくことを．

2003年1月
　　　　やどかりブックレット編集委員　星野　文男

和子と進の往復書簡

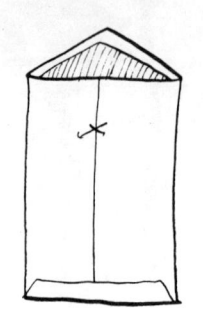

封筒消印　1988．8．29

　　　菅原　進　様

　　　　　　　　　　　　　　稲垣　和子

菅原さんへ　イナゴより

　菅原さん．この間の水曜日は暑い中を面会にきていただき本当にありがとうございました．突然のことだったのでちょっと驚きましたがとても嬉しかったです．とてもお元気そうで懐かしく嬉しく思いました．それにコーラとウーロン茶を沢山持ってきて頂き重かったろうにとありがとうございました．本当にありがとうございました．
　"風と共に去りぬ"の本も読みたい本なのでとても嬉しかったです．
　少しづつ読んで楽しみにしたいと思います．
　病院生活も楽しみがあまりないので自分の気持ちしだいで楽しくもつまらなくもなると思いますので私は歌が好きなので歌番組は楽しんでみています．特に歌のパレードが楽しみです．

食物は私はお菓子よりもご飯の方が好きなのでいっぱい食べてしまうのであまり太ってはと心配しています．
　運動不足なので朝6時半からの体操しています．
　何でこんな努力をしているかわかりますか．もちろん自分のためもありますが菅原さんに嫌われては困ると思っているのですよ．
　でもお会いできて本当に嬉しかったです．又元気でお会いできる日楽しみにがんばりたいと思います．それ迄菅原さんも無理をしないようにがんばって下さいね．とりあえずお礼迄．

　　　　　　　　　封筒消印　1989．11．6．

　　　　　　　　　大宮厚生病院内
　　　　　　　　　　菅原　進　様

　　　　　　　　　　　　　　　　　稲垣　和子

菅原さんへ　イナゴより

　進さん．今日わ．お元気でいらっしゃいますか．
　志村おばさんから入院したときいた時，とてもびっくり

進，37歳の誕生

(進のアパートに

　して同時に胸が痛みました．私もこの前入院してあなたに心配をかけてしまいましたね．幸い入院中，外泊した時の電話のあなたの励ましとても力になりました．

　今はただゆっくり休養して下さい．どんなにか苦しかったことでしょう．1人で本当に可哀想だったんですね．何もしてあげられないでごめんなさいね．

　でも一生けんめいお祈りしますからどうか1日も早く退院できるようがんばって下さい．

　そして又よきお友達として励ましあっていけたら嬉しく思います．

　ではこれから寒くなりますから，風邪をひかないように気をつけて下さいね．

　又お会いできる日楽しみにしています．

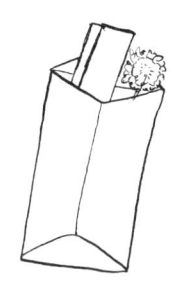

封筒消印　1989. 11. 25.

大宮厚生病院内
　菅原　進　様

稲垣　和子

菅原さんへ　和子より

　菅原さん，今日わ．お元気でいらっしゃいますか．
　大分寒くなりましたが風邪などひいていませんか．入院生活はいかがですか．外など出られないでつらくはありませんか．どうぞお祈りしていますのでがんばって下さいね．
　この前テレビで花の詩画集，菅原さんが私に買って下さった星野富広さんのことをテレビで映しました．
　私も感動して見ましたが，なぜ星野富広さんが花の絵を愛して書いたのか考えてみましたが，花は動けないけれども美しく咲いて散っていき，人の目を楽しませてくれる．それを自分の人生と同じだとわかったのだと思うのです．そして一生けんめい人生に挑戦しているのだと思いました．私はすばらしいことだととても感動しました．
　菅原さんもごしょうちのことだと思いますが，奥さんと

の夫婦愛にもとても感動しました．
　その時の気持を大切にしたいと思いました．
　どうぞ1日も早く退院できるようお祈りしていますのでがんばって下さいね．
　ではこれから寒くなりますのでくれぐれもお身体大切に，お会いできる日楽しみにしています．
　　追伸……それから尾形大作さんの"大連の街から"の歌
　　　　　がとても気に入りました．
　　　　　今覚えようとがんばっています．
　　　　　菅原さんと一緒に歌いたいですね．

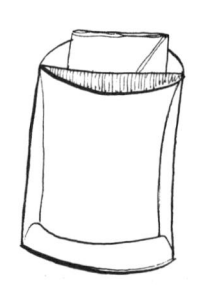

　　　　　　　　封筒消印　1989. 12. 18.

　　　　　　　　　稲垣　和子　様

　　　　　　　　　　　　　　　　　　大宮厚生病院内
　　　　　　　　　　　　　　　　　　　菅原　進

稲垣さんへ　進より

前略
　稲垣さんからのお便り，二通，届いております．誠にあ

りがとうございました．
　私自身余裕がなく，返事を出さなかった事，深くお詫び致します．
　入院生活は，前の病院とは，開放ではありますが，まさに開放的な病院で違いが数多くあります．
　谷中先生のお陰とは思っていますが，入院した時から解放病棟でした．
　それでグループ活動（主に内職）があるので最近は出れませんが用事がある時は自由に午前9時半から午後4時までは自由に外出できます．お金も自由に持たされています．
　私の入院も保健法に変わった任意入院という事になっていますので，心配はしていません．
　私の入院は，今回の場合は（任意入院したのは），今でも，信じられないのですが，幻聴があったためです．谷中先生にナイトケアを3日間していただいたのです．
　私の次兄も病院に4回程面会に来てくれました．今はあせらずに，休養を取る位の気持ちで入院生活を送りたいと考えております．
　実は今日もグループのクリスマス会があり私が司会をやりました．
　好評でした．

　稲垣さん，私も入院した時は，前から次兄には今度入院したらお前の人生おしまいだと言われていましたし，谷中先生からは一から出直せと言われるし全く自信がなかった

し，重荷とプレッシャー，それに幻聴.
　入院して月1ヵ月間位は本当に苦しかった．（その様な時お手紙をいただいて励みになりました）それが序々に自信を取りもどせました．
　来年の春には退院したいと思っていますがそれまでには，自分というものを深く見つめていきたい．退院して又再入院では周囲の人達の信用を本当に失ってしまいます．あせらず，とは言ってもあまりのんびりもできませんがマイペースで，退院への道を歩んで行こうと思ってます．

　入院して2キロ程太りました．食事もおいしく，最近は入院生活も苦にならなくなりました．でも退院する事に越した気持は，ありません．いづれに致しましても，今は谷中先生に言われてた事ですが休養を取って，いきたいと考えています．
　又やどかりの里のクリスマス会に参加するついもりでおります．
　主治医の先生に話して外泊を取り，アパートで3泊4日位したいと考えてます．

　日頃再入院したらダメと言っていた私が再入院してしまって申し訳なく思っています．
　お父様，お母様によろしくお伝え下さい．

　ベットの上で字を書いているので読みずらいとは思いま

す．乱筆，乱文にて失礼します．
　今日はこの辺で．皆様の御健康を陰ながら祈っております．
（病院の電話番号は××××-×××-××××です．解放病棟の菅原で解ると思います．待ってます．）

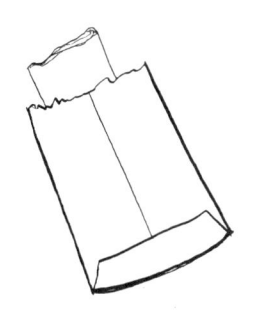

　　　　　　　　封筒消印　1989. 12. 21.

　　　　　　　　大宮厚生病院内
　　　　　　　　　菅原　進　様

　　　　　　　　　　　　　　　　　　　稲垣　和子

菅原さんへ　和子より

　菅原さん．お手紙ありがとうございました．大変嬉しく拝見致しました．開放病棟に入れて頂き本当に良かったですね．内職大変でしょうががんばって下さいね．
　入院した時幻聴があったとのこと本当に辛かったことでしょう．私も経験があるからよくわかります．谷中先生からお話をきき，可哀想だったなと思いました．でも今はあせらずにゆっくり休養して下さいね．お兄さんも面会に来

て下さったとのこと良かったですね．皆菅原さんがいないと淋しいなと言っていました．明るい菅原さん．がんばって早くやどかりへ帰って来てね．クリスマスの司会も上手にやれたとのことご苦労様でした．
　やどかりのクリスマスの時お会いできてとても嬉しかったです．少し太ってお元気そうな様子安心致しました．
　私も来年の1月には面会にいきたいと思っておりますので待っていて下さいね．その時又ゆっくりお話ししましょうね．
　それを楽しみにしております．
　それから再入院のことあまり気になさいませんように……．
　人間誰でも山あり谷ありですものね．又一緒に仲良く励ましあっていきましょう．父も母も菅原さんのこと心配しております．どうか1日も早く退院できますようお祈りしておりますのでがんばって下さいね．
　ではこれからますます寒くなりますので風邪をひかないようにくれぐれもお身体大切に．
　又お会いできる日楽しみにしております．

封筒消印　1990．2．21．

大宮厚生病院内
　菅原　進　様

稲垣　和子

菅原さんへ　和子より

　菅原さん今日わ．お元気でいらしゃいますか．風邪などひいていませんか．
　この前はお会いできて大変嬉しかったです．中華料理もおいしかったし，楽しいひとときでした．少し太ってお元気そうな様子，安心致しました．
　入院生活いかがですか．もうすっかり慣れたことでしょうね．内職辛くありませんか．がんばって下さいね．
　朋友に3月いっぱいで退院と書いてありましたが，もう少しのがまんですね．どうか1日も早く退院できますよう祈っております．
　2月には寒くていけませんでしたが，3月になったら又面接に行きたいと思っていますので待っていてくださいね．
　私の方は薬が少し強くなったのでちょっと辛いですが，

なんとかがんばって家事をやっておりますのでご安心下さい．
　この頃なんとなく春らしくなってきました．
　庭の水仙の花が1本咲きました．とてもよい匂いです．とても暖かな気持ちになりました．
　まだまだ寒い日が続きそうですのでくれぐれもお身体大切に．
　又お会いできる日楽しみにしています．

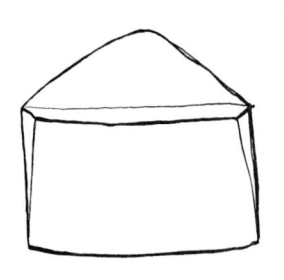

　　　　　　　　封筒消印　1990．2．28．

　　　　　　　　　稲垣　和子　様

　　　　　　　　　　　　　　　大宮厚生病院内
　　　　　　　　　　　　　　　　菅原　進

稲垣さんへ　進より

前略
　稲垣さんからのお手紙が22日に届いております．
　誠にありがとうございました．
　先日は食事をごちそうになりありがとうございました．

私はカゼもひかず元気に過ごしております．

主治医も入院させているのは病気のためではなく生活に慣れるためといつも話しています．

入院してから6キロ近くふとりました．

先月の親睦デイに宿泊して，月例会に参加して，募金活動を行ないました．谷中先生にもお会いできました．

佐久間さんもいらっしゃいました．藤井さんも太られたみたいですね．

上野公園でのデート．恋人時代の2人

稲垣さん，私も41歳になりました．自分の置かれている立場などを考えるといやになる時もあります．しかし誰をうらんでも仕方がありません．
　誰が選んだ道でもない，自分が選んだ道ですものね．
　一歩一歩着実に歩んでいきたい，そう考えています．
　冬は必らず春となる．人生の花を咲かせたいものですね．
　今はあせらないで着実に歩んでいきたい．
　簡単ではありますが今日はこの辺で失礼致します．
　お父様，お母様によろしくお伝え下さい．

　入院してどんな環境においても耐える事・あきらめない事を学んだ様に思います．

和子と進のラブストーリー

夫婦そろっての講演．よく見られる光景

働くことに夢中になって

　進さんは1984（昭和59）年には爽風会に所属しながら，「大宮鍍金」に職親制度を使って（長年やどかりの里を支援している会社で，精神障害者の職親企業でもある）で働き始めた．当時のやどかりの里は働く場所は，「NSP印刷」（現在のやどかり印刷の前身，自主運営の印刷会社として，やどかりの里のメンバーとともに活動していた）くらいしかなかったのである．
　時給500円で，午前10時から午後3時までの5時間の勤務であった．大宮鍍金には，ちょうど1年間勤めたが，次に熊谷にある「ニチイ」というショッピングデパートの家電売り場に勤めることになった．K病院通院の際「ニチイ」の求人広告を見て，応募したのである．生活保護を受けないとやっていけなかったので，「ニチイ」の募集条件に39歳が上限とあったので，辛うじてパスする，最後のチャンスだと思ったという．そして，運よく就職することができ，「ニチイ」の家電売場に勤め始めた．1985（昭和60）年のことであった．フォードアやファイブドアのでっかい冷蔵庫を担いで，精一杯やっていたので，仕事は充実感があったという．
　「ああ，今日は何十万売れた．やったなあ」
という感じになっていたが，周りの人たちにとっては，そんなことは当たり前のことだったようである．禁煙も辛かっ

たという．

　病気のことはを隠して働いていた．同年輩の主任から，
「僕は菅原さんに当たれるが，菅原さんはダンボールにしか当たれない」
と言われたことがある．これはきつい言葉であった．「ニチイ」は10か月ほどで辞めている．

　進さんは，21歳ぐらいの時に，支店長代理として靴店に勤めていたことがあり，そういう経過から世の中を甘く見ていたところがあった．だからこの主任の言葉は，社会の組織の重さを実感させたという．悔しい気持ちはあったけれども，それが社会だとも感じた．一方，周りには優しい人もたくさんいたので，その人たちには大いに支えられたそうである．辞めた理由は，薬が強くて朝起きられず，仕事をしながら病気を克服することができなかったからだという．

　しかし，生活保護を切っていたので，とにかく働かなくてはだめだと，熊谷市にあるパチンコ屋に勤めることにした．朝夕の食事がついて，手取り18万円，プラス障害年金6万円ぐらいがその当時の生活費であった．

　パチンコ屋は月4日の休みで，出勤率が厳しく，そのため多くの人が次々に辞めさせられていっていた．従業員の中にはパチンコ屋に勤めながら他のパチンコ屋でパチンコをして，給料を入れあげている人もいた．パチンコが好きで懲りない面々という感じであった．

　当時は働くということに無我夢中であった．世の中には

精神障害者が社会復帰できる社会資源がなく，今の職場がだめになったら，元の作業所や生活保護にもどってしまうと思っていたという．パチンコ屋の手取り18万円，プラス障害年金6万ぐらいというのは，当時としては経済的には裕福だと感じていた．

自立と孤立の違いに気づいて

　藤井さん（元やどかりの里職員，現大阪府立大学教授）や志村のおばさん（やどかりの里の創設時からの職員であり，家族でもあり，やどかりの里では茶の間のおばさんとして活躍している）にしょっちゅう電話していて，4～5万円は電話代に使ったという．あたかも電話が命綱のようで，電話1本あれば気が楽になって，自分の悩みが解決されるように感じていたそうである．当時和子さんも毎晩のように電話をかけてきていたそうであるが，進さんには記憶がない．
　今考えると，孤立していたようである．そのころは自立と孤立を勘違いしていた．主治医からは，
　「税金を払える人間になれ」
　母親からは，
　「だれにも迷惑をかけずに1人で生きていけ」
と言われていたので，懸命になってそれを実行していた．何しろ当時は主治医や母親の言うことは絶対だと思っていたしし，とにかく自分も強く生きようと思っていたという．

パチンコ屋では主任にならないかと言われた．パチンコ屋は人の回転が早く，就職後間もなく主任の声がかかったが，主任は荷が重かった．パチンコ屋には乱暴者も来て，パチンコ台のガラスを割ったりすることがある．それを取りまとめていかなくてはならない仕事だったから断ったそうである．

パチンコ屋は水商売だし，親しい人もできなかったので，アパートと職場の往復で日々が過ぎていき，アパートに帰ってもだれもいないので，ストレス解消に近くのカラオケに通う日々を送っていた．そんな生活の中で，収入がいくらあっても使い道がわからなかったし，収入が減っても自分の納得のいく生き方をしたい，収入が減っても地道にやろうと思うようになっていった．いちばん苦しい時でも，精神面だけは豊かでありたいと思うようになったという．

主治医になんと言われようと，税金を払うような生き方をするかどうか，これは自分のほうに選択権があると進さんは考えるようになったのである．

自分の納得できる生き方を選ぶ

人に迷惑をかけずに生きるということは，孤立することにつながるのだと進さんは考えた．人間というのは，「人」の字のごとく，支え合っている人間関係が大事である．ネットワークづくりをしながら，生き生きと生きていかれること，楽しみや喜びを分かち合うことができることが大切だ

と考えるようになった．

今は自立ということは，いろいろな人との関わりの中で，「いかに何をなしたか」ということに関わっており，それがほんとうの自立だと思うようになった．

物も心も豊かな人，物はなくても心は豊かな人，物はあっても心が貧しい人，両方とも貧しい人がいるけれども，高収入を得るよりも地道な，自分に合った生活をするほうが自分には適しているのではないか，と思うようになったのである．

そこで，ふたたびやどかりの里のNSP印刷で働くことを決意して，熊谷から大宮にもどって，南中丸にある爽風会時代に住んでいたアパートにもどった．収入はパチンコ屋の10分の1になったけれども，進さんにとっては生まれて初めて落ち着いた生活ができるようになったのである．

2人の出会い

1989〔昭和64（平成元）〕年ごろ，和子さんが何回も入退院をくり返し，爽風会をやり直していたころ，2人は爽風会で初めて出会った．和子さんの進さんの第一印象は，太った面白い人がいるなということだったそうである．そのときのことを，和子さんは次のように語っている．

常磐ハワイに行ってそこで歌を歌ってきたんだと言って，「南鳳台（当時進さんが住んでいた地名）の竜哲也と言

われた」
と写真を見せてくれたんです．何度も，
　「歌が好きだ，好きだ」
と言うんです．面白い人だなと思いました．

　進さんは当時爽風会の会計係をしていて，和子さんが週に1回しか通っていなかったので，ほんとうは150円のお茶代を，50円にしてくれたりしたそうである．
　独身だと聞いたので，和子さんはおにぎりを買うとついてくるインスタントの味噌汁を何回かあげたことがあるという．

　実は和子さんに一目ぼれしたのは進さんのほうだった．いなちゃん（和子さんのニックネーム，旧姓稲垣さんという名前に由来する）はいい子だと，仲間たちも言っていたし，家庭的な，可愛い子だなと思ったそうである．

価値の転換――一般就労から作業所へ

　進　私はそのころ，一般就労ではなく，作業所で働くのでもいいのではないかと思うようになっていました．
　お金や物に捉われるのではなく，もっと自由に，肩肘張らずに生きていくということを，パチンコ屋で働いているうちに気がついてきました．
　私は障害者であるし，歳も取ってきたので，むりをしな

くてもいいのではないか，お金を取るのだけが人生ではない．生活の暖かさ，自由であることのほうが大事だ．つつましやかでも自分に合った人生を送ることのほうが大事だ．何もむりに税金を払わなくてもいい．主治医から，
　「税金を払えるようになれ」
と言われたことも，自分が決めることだと思うようになったのです．つつましくてもやっていけば，アパートと職場の往復ではなくて，CDを聞いたり，本を読んだり，和子と話をしたり，人間としてお互いを深め合い，限りある人生をもっと楽しまなくちゃ，というふうに思えてきたのです．
　そうは言っても，働くことも自分なりの力量でやっていきたい……それが作業所を選んだ理由です．
　人間働くのは何のためか．お金を得るのは何のためか．お金は手段であって，目的は別にあると思っています．
　パチンコ屋では100円玉を地下で回収するのですが，いっぱい流れてくる100円玉が工場のアルミニウムの破片みたいに見えました．その流れていく100円玉の行程を見て，一所懸命働いてきた自分の人生とダブらせて，「こんなに汗水流して働いているのに……世の中って何なんだろう」と思いました．

社会復帰よりも社会参加を

　パチンコ屋を辞めたのをきっかけに，熊谷から大宮に住

居を移しました．大宮市役所に生活保護の申請に行きましたが，所持金が100万円あり，なくなってから申請するように言われました．

そして，NSP印刷で火曜日から土曜日まで働き始めました．NSP印刷で働くということは，自分にとって価値の転換でした．お金だけでない，生きがいや働きがいを大切にして，仲間と支え合いながら生きることを選んだのです．病気を受け入れて，病気になる前の自分を求めるのではなく，AからA′を認めBさんCさんDさんなりの生き方でいいのではないかと考えるようなりました．

これは，Aさんという人がいるとします．これは元の自分だと思ってください．A′のダッシュの部分が病気の部分だとすると，Aにもどりたくても時間も流れ，状況も変わっていく中で，必ずしもAにもどるのではなく，A′でもいいのではないか，と思うようになってきたのです．自分は病気だし，服薬もしている．ろれつが回らなかったり，眠れないという状態のA′さんを認めるようになると，作業所や家事手伝い，デイケア等いろいろな選択肢がかえって増えてきているのではないか．病気を認めつつ，それなりの生き方をしていこうということなのです．

そして，社会復帰というよりも社会参加だと考えるようになりました．

1988（昭和63）年，39歳の時にテレビ朝日のニュースステーションに出ました．NSP印刷で働いているところでインタビューされました．その時は精神障害者の社会資源

の少なさを訴えました．

初めてのデートでプロポーズ

　2人がつき合い始めたのは，進さんが熊谷のショッピングデパートニチイに勤めていたころからだそうである．進さんは宮城県から上京したので，自分には上野が原点で，自分がスランプに陥った時には，定時制高校に通った道を歩くと何かきっかけがつかめるのではないかと思っているそうである．「働きながら通った道は私の原点でもある」とよく言う．進さんにとっては，上野は第2のふるさとなのだという．その上野の不忍池に和子さんを誘ったのが初めてのデートだった．不忍池でボートに乗って，
「僕のおふくろさんに会ってくれませんか」
と必死の思いでプロポーズしたけれども，和子さんはそれどころではなかった．全然反応がなかったそうである．
　進さんはボートを漕ぐのがへたで，ボートががたがた揺れて怖かった．ボートが岸にごつごつぶつかって，転覆して死んじゃうんじゃないかと心配で，プロポーズだろうなと気づいてはいたそうであるが，ぴんとこなかったと和子さんは語っている．
　進さんのほうは爽風会で初めて会って一目惚れして以来3年近く，この娘さえ手に入れば，他には何もいらないと思いつめていたので，がっかりしてしまって，飲み屋で自棄酒を飲んで帰ったそうである．

その後のエピソードとして，進さんが勤めているニチイに，和子さんが朋友の会（やどかりの里のメンバーで構成される回復者クラブ）で使うドライヤーを買いに行ったことがあるが，進さんはよく働いて，一所懸命やっていてすごいなあと思った記憶があるという．

お互いの家を行き来して

　進さんが熊谷のショッピングデパートニチイに勤めている時に，藤井さんが誕生会をやってくれたことがあった．進さんのアパートに藤井さんと当時の研修生，それと和子さんが集まって，心温まる会になったが，その時和子さんはほんとうにうれしそうに，にこにこしていたという．
　その当時のことを和子さんは次のように語っている．

　和子　誕生会に招かれて，初めて進さんのアパートに行ったのです．そのころから少しずつ進さんのことを意識するようになりました．電話番号を教えてもらって，電話をかけるようにもなりました．最初に電話をくれたのは進さんだったと思います．
　進さんが当時通院していた病院が熊谷にあって，通院日には朝早く電話がかかってきて，
　　「行っていいかい」
と尋ねるんです．それで父と母に聞くと，
　　「いいよ」

と言ってくれました．進さんは石鹸を持ったり，カルピスや大きな西瓜を買って，遊びに来るようになりました．話好きの父が話し相手になって，生命とか宇宙の話をしていました．2人で話し合っている時に，私が親子どんぶりやかつ丼を作ったりして，いっしょに食べました．

　進さんは1人暮らしだったし，父や母も含めて家族ぐるみでつき合っていました．

　和子さんの家へ遊びに来る時の進さんは鳥打帽をかぶっていたり，1回だけだがはでな格子縞の背広を着てポーズをつけていたので，和子さんのお兄さんは，
　「和子の友達に絵描きさんがいるんかい」
と和子さんに聞いたそうである．

両親も進さんの人柄を理解して

　そして，このころから和子さんも進さんのアパートにも遊びに行くようになった．
　和子　始めは父はアパートには行かないほうがいいと言っていたんです．でも進さんの人柄もわかって，真面目だし，働いていたし，アパートに遊びに行くのも公認になりました．あんまり行くと，
　「行き過ぎだぞ」
と言われたこともありました．
　「泊まっちゃだめ」

とも言われていました．病気だし，まだおつき合いをしている段階だったからだと思います．

　おつき合いはとても楽しかったです．何か私も男の友達が欲しいと思っていたし，進さんが来るとうれしいなと思っていました．

　梨を自転車に積んで尋ねていったり，お祭りにいっしょに行ったり，パチンコ屋にも連れて行ってもらいました．

　アパートに最初に行った時，進さんはポケットに手を突っ込んで，気取って，

　「どう，待った」

なんて言うんです．歯を抜いたばかりだったのにおかしな人だと思いました．

　そのころの進さんはあまり「やどかりの里」には行かなかったので和子さんは心配して，

　「どうしてやどかりの里へ行かないの」

と聞いたら，

　「うーん，僕は行くあれじゃないんだ」

と答えていた．当時の進さんとしては，仕事や自分の生活を維持するのがやっとだったようである．

　「やどかりの里」に行くどころか，アパートと勤め先との往復で精一杯だったという．始めはおもしろい友達だと思ってた和子さんは，このころからお互いに結婚できたらいいなと思うようになっていったのである．

楽しかった交際

　和子　おにぎりを持って，森林公園に行ったのも楽しかったですね．そこでは自転車に乗ったりしましたが，私が小さい自転車に乗って追いつかないでいると，待っていてくれました．

　アパートでカラオケで歌ったり，進さんが2人で歌ったのをテープに録音してくれて，それが楽しくて家に帰って聞いたりしました．母もそのテープを聞くのが大好きでした．

　「進さんの歌はいい．声がソフトですてきだ」
と言っていました．もっとも，進さんが，
　「私の歌がいちばんうまい」
と言うと，
　「うまばるな」
と言って大笑いしていました．

　嬉しかったことは，主人のアパートにハンモックがあって，そこに寝かしてくれたことです．
　「稲垣さんそこに寝ていいよ．僕は下に寝るから」
って言ってくれたんです．

　焼肉をご馳走してくれたこともありました．カラオケ屋さんに行ったり，ラーメン屋さんの大きな餃子をご馳走してくれたこともあります．アパートのそばの公園でお花見をしたこともあります．

そして，進さんはパチンコ屋を辞めて，少したってから大宮に引っ越してしまったんです．熊谷最後の日に，焼肉屋さんに行ったのかな，そのあと栗を持ってアパートに行ったんです．さびしくなるね，また会いに行くからと話し合いました．

和子6回目の入院〔1988（昭和63）年3月15日〕

　ある日，和子さんは進さんの所に遊びに行って，風邪をひいてしまった．熱が出て，なかなか下がらず，頭痛も治らないので，精神科に6回目の入院をしてしまったのである．今考えると，進さんに会えない寂しさだったのかもしれない．
　「それを精神病と結びつけたところに，当時の私の弱さがあった」
と和子さんは語っている．

　和子　進さんとは，谷中先生にナイトケア（やどかりの里のメンバーが体調を崩した際に，入院する一歩手前でやどかりの里の信頼できる職員が関わり，危機を乗り切っていくためのケア）をしてもらって乗り切ろうと話し合っていたんです．でも，親子で話し合って入院してしまったんですね．
　進さんが熊谷から大宮に引っ越してしまい，とてもさびしくなって，風邪も重なり，辛くなり，入院したいと思っ

たんです．それまでの入院は，親に言われての入院でしたが，このままでは父も母もたいへんだと思い，この時は自分で入院すると決めたんです．でも，これが長い入院になるとは，その時は思ってもみませんでした．

でも，病院に入院すると，寂しくなって手紙ばかり書いていて，主治医に書きすぎだと言われてしまうほどでした．進さんとの交際も，もうだめになってしまうんではないかと思って泣いていた時もあるし，楽しかったことを思い出して，もう終わりなのかなと思いながら手紙を書いたんです．後でわかったことですが，私が勝手に入院したのを進さんは怒っていたんですね．

うれしかったお見舞い

　進　和子が勝手に入院してしまったので，怒っていたんです．手紙をもらっても返事も出さなかった．

　谷中先生から，和子さんもそろそろ落ち着いたので，お見舞いに行ってもいいねと言われ，和子の父親とお見舞いに行ったんです．和子が本が好きだったので，「陽はまた昇る」という言葉に愛をこめて，彼女に希望をもたせる本をと思って，「風とともに去りぬ」を選んだのです．この時は和子が買ってくれた白地に黄色のチェックのあるポロシャツを着て行きました．

「和子さんの彼氏が来たらしいよ」
と大勢の患者さんが集まってきました．閉鎖病棟にいたの

ですが，長く入院する子ではないなと感じました．

　和子　8月になって，進さんがお見舞いにコーラと烏龍茶をいっぱい持って，来てくれました．ズボンの裾が見え，兄だと思ったら進さんだったので，飛び上がるほどうれしかったのを覚えています．その時，「風とともに去りぬ」という本を持ってきてくれて，映画も大好きだったので，一所懸命読みました．とてもうれしかった．「陽はまた昇る」のフレーズが私を勇気づけると思ったらしいのです．

　病院では，薬も多くて，眠かったのですが，婦長さんから作業をしたほうが早く退院ができると言われ，眠いのをがまんしながら作業に加わりました．

　仲間も面会に来てくれました．手紙をくれたスタッフや親友もいたし，それが励みになりましたね．皆が待っててくれるんだな，辛く苦しい時も，仲間が待っててくれる，頑張ってと言ってくれるから，調子を悪くしても立ち直ることができたんですね．

幻聴が聞こえてきて

　パチンコ店に勤めているころ，進さんには幻聴が聞こえ始めた．

　もともと進さんには，離人症といって，自分だけがクローズアップされるように，スポットライトを浴びるような，浮いてくる感じになって，周りが自分とはあまり関係がな

いように感じて，友人も友人とは思えないような妄想があったのである．

　NSP印刷に勤めていたころ，雑誌「爽風」の軽井沢合宿があったが，右か左かわからなくなって，道をまちがえてしまったことがあった．

　変化をつけようと思ってアパートを変えてみたが，ごーっという音が1日中していた．南中丸のアパートでは，下の階にアル中の夫婦が住んでいて，夜になると大喧嘩をして眠れないことがしばしばあった．それで，藤井さんといっしょに市役所に苦情を申し入れに行ったことがある．市役所のワーカーが民生委員に知らせてくれたけれども，解決はされず，藤井さんといっしょに別のアパートを探し，やっと手ごろな所を見つけることができた．それが今住んでいるアパートである．偶然，藤井さんの隣のアパートだった．

　そうこうしているうちにも症状は悪化し，とうとう10月には入院することになった．8月に1度実家に帰ったが，この時の病状はとても悪く，1日中歌を歌っていたという．

　スーパーマーケットやパチンコ屋に勤めていた時の疲れが出ていたのであろう．入社する時は胸躍らせていたが，慣れてくると張り合いがなくなってくる．精神的な豊かさを願いつつも，現実の生活の苦しさに喘いでいた．ちょうど昭和天皇がなくなるころで，この年のバザーには参加したが，とても苦しかったという．

　進　谷中先生にナイトケアをしていただきました．先生

との面接で，先生が机を「とんとん」と叩くのです．そして，
　「聞こえますか」
と言われて，
　「はい，聞こえます」
と答えました．そして，次は壁を「とんとん」と叩くのです．また，
　「聞こえますか」
と聞かれます．
　「聞こえます」
と答えるのですが，私には，その他にも子供が自分を罵倒するような声が聞こえていたんですね．それが，谷中先生には聞こえないと言うんです．信頼すべき先生に言われて，それが幻聴だとわかりました．それまではほんとうに子供の声だと信じ込んでいました．1回目，2回目の入院の時には幻聴はなかったんです．3回目にして始めての幻聴でした．

苦しかった妄想の経験

　進　実は，その年の春の始めごろ，雑誌「爽風」（やどかりの里の朋友の会のメンバーが中心になって，自らの体験を社会に伝えていこうという目的で創刊された雑誌．1996（平成8）年の16号を持って廃刊．その雑誌の志を引き継いで「やどかりブックレット・障害者からのメッセー

ジ」が出版されている）の編集委員の合宿があったのですが，そのころから具合が悪かったのです．苦しかったですね．そのころ和子が左手で人を指差すと，

　「人を指差すんじゃない」

と怒っちゃったりしました．妄想があったんですね．苦しい時は，どちらの足から歩いていいのかわからなくなっちゃうんですね．右の足か，左の足か，なーんかあのころ，ほんとうに苦しかったですね．例えば，目の前にボールペンがあって，それを取ろうか取るまいか，取ったら悪いことが起こるのではないか，運が逃げてしまうのではないか，などといろいろ考えて，自分の行動が伴わないんですよ．いろんなことを意味づけて考えてしまうんですね．関係妄想ですね．

　主治医に話しても薬を変えてくれなかったんです．以前に，やどかりの里にイギリスからエリー＝ヤンセンさん（リッチモンドフェローシップという精神障害者の社会復帰のための活動の創設者）が来たことがありました．そのころ自分は，病院にも福祉事務所にもワーカーがいて，保健所には保健婦さんがいて，民生委員さんもいる．みんないい人ばかりで，だれにどう言えばいいのか，わからなかったんです．そのことを相談したら，やどかりの里にキーステーションを置きなさいとアドバイスをもらいました．それで，ずいぶん楽になりました．私にとって困った時の駆け込み寺はやどかりの里だったとわかったんです．

進〔1989（平成元）年10月21日〜1990（平成2）年4月〕
大宮厚生病院に入院（3回目の入院）

　進　結局，3回目の入院になってしまいました．職員の児玉照彰さん（現在はイサオクリニック）が運転して連れて行ってくれたんです．入院した日に次兄が来てくれましたが，入院したことが恥ずかしくて，布団にもぐりこんでしまいました．

　和子も「ひよこ」のお菓子を持ってお見舞いに来てくれました．志村進さん（やどかりの里のメンバーで，進さんの先輩に当たる）がやどかりの里の機関紙を届けてくれたり，永瀬さんや牧さん（やどかりの里の爽風会時代からの仲間）も来てくれました．藤井さんはスカイラークに連れて行ってくれました．

　和子　進さんが具合が悪いのは知っていましたが，入院したことを谷中先生から聞いて，たいへんだと思ってびっくりしました．私には家族がいるけれども，進さんは1人だからたいへんだろうなと思いました．

　厚生病院には1回しかお見舞いに行けなかったけれども，今になってみると，もっと行ってあげればよかったと思います．

グループホームを出て，アパートでの夫婦水入らずの暮らし

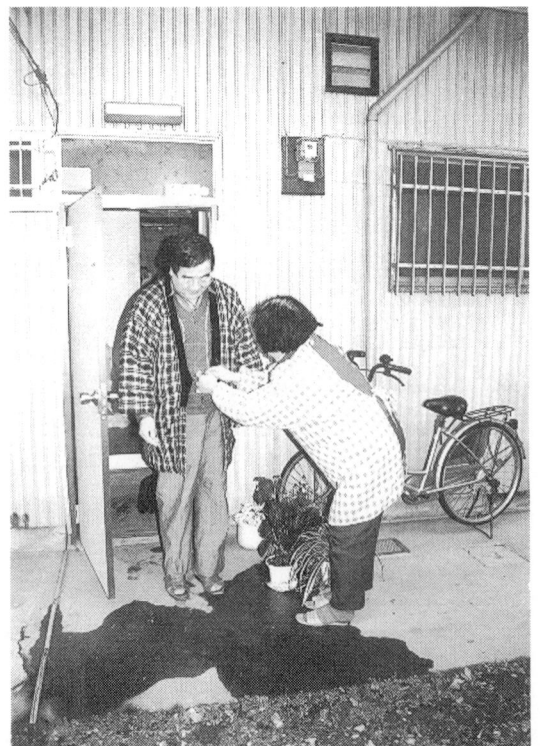

進　病院で看護婦は，
「やどかりの里に通うことが社会復帰だ．戻れる所があっていいね」
と言ってくれました．
　しかし，医師からは「一般就労するように」言われていました．
　病院にはいろいろなサークルがあったのですが，自分では選べず，指示されるところに参加することになっていました．やどかりの里からきた人は何でもできると言われて，クリスマス会の司会をやらされたり，プレッシャーもあったんです．以前の病院では検脈，検温も自分たちでやったのですが，ここでは看護婦がやっていました．外出，外泊，お金も持てたし，タバコも自由だった．外泊して，やどかりの里のクリスマス会にも参加しました．しかし，開放病棟では，作業の時間は作業が優先し，外出は自由ではなかった．作業は袋の紐通しで，これをやりなさいと指示されるのです．半日やって150円くらいになりました．
　それでも前の病院とずいぶん違っていて，病院を選ぶべきだと思いました．
　退院に際しては，策を練りました．兄には，
「主治医が早く退院するように言っている」
と言い，主治医には，
「兄が早く退院するように言っている」
と伝えました．
　退院する時には児玉さんが車で迎えに来てくれて，藤井

さんは，花束を抱えて待っていてくれたのです．

　援護寮があれば入院せずにすんだなと，後に谷中先生に言われたのが，印象に残っています．私が退院した2か月後にやどかりの里の援護寮がオープンしました．

進クローバー社社長となる〔1990（平成2）年4月〕

　進さんは3月に退院した．約半年の入院であった．4月にはクローバー社ができた．やどかりの里が借りていた1軒のプレハブの2階がクローバー社で，みんなからの推薦で進さんは社長に就任した．

　実は和子さんは，進さんが社長になることを反対したという．

　「たいへんだよ，何でも抱え込んでたいへんだよ」と心配していたが，結局は応援することになったという．

　当時のクローバー社の仕事は，以前進さんが勤めていた企業の下請けの仕事でした．傘の骨33本を上と下を針金で通して，1本6円であった．業者の人と荷物を2階に上げたり，社長業は目に見えないところでやることがあるんだと進さんは思ったそうである．最初の給料は，週に4日働いて，1か月3,600円であった．みんなで高島屋のビアガーデンに出かけ，1晩で飲んでしまったそうである．

　その後，クローバー社の仕事は徐々に社会復帰施設（援護寮と通所授産施設）への人材派遣が中心になっていった．

和子やどかりの里の援護寮入寮

　和子　退院後，やどかりの里の爽風会に再度入会しました．そして，1990（平成2）年5月に援護寮ができる際に，父が，
　「和子も自立しなければだめだ．何をするにも自立していなくては」
と言うのです．私もそうだな，母も病気だし，自立しなければと……それにはまずは援護寮だなと思ったのです．そして，援護寮で9か月を過ごしました．援護寮にいる時に進さんが胃が悪くなっちゃって，心配になって，ほうれん草と江戸むらさきのつくだにとおかゆを作って持っていってあげたこともありました．
　援護寮にいた人の中には実家に帰った人もいたけれど，私は藤井さんが住んでいたアパートに移りました．なかなか1人でいられなくて，やどかりの里の援護寮に泊まりに行ったり，実家に帰ったりして過ごしました．
　アパートに1人でいると何か寂しくて，進さんが泊まりに来てくれたり，私が進さんの所に泊まりに行ったりもしました．進さんは講演に行って帰ってくると，とんとんと私のアパートに来てくれて，いろいろ話を聞いてくれたりしました．でも部屋に来るのは結構遠慮していました．私が余ったご飯で，おにぎりを作ってあげたりしたこともあります．

初めての喧嘩

　和子　やどかりの里のコンサートに2人で参加したことがあります．青先生という厚生病院で音楽の先生をやっていた方のコンサートでした．その時進さんも私も調子が悪くて，2人とも疲れてしまって，
　「お互いに疲れるんで，それではつき合っていたって仕方ない．それじゃあ別れよう」
と私が言い出したので，進さんも，
　「じゃあ，別れよう」
ということで喧嘩になったんです．すぐに後悔して，泣いてばかりいました．それまで喧嘩したことなかったんですけどね．私はそのころ，援護寮からアパートの暮らしに移っていた時で，なかなか1人では生活できなくて，実家に帰ったり，たいへんな時期でした．周りの人にずいぶん助けてもらいました．永瀬さんが泊まりに来てくれたり，志村のおばさんにも助けてもらいました．

　喧嘩の後に，言わなければよかったと後悔して，3日3晩くらい泣いていたんですが，電話で，私のほうから「ごめんね」と言ったら，それではかわいそうだと，進さんも「僕も悪かった」と言ってくれました．

埼玉県精神障害者連合会（ポプリ）の結成〔1991（平成3）年〕

　進さんはやどかりの里の朋友の会（爽風会を卒業した人たちの回復者クラブ）の代表として，ポプリ（埼玉県精神障害者連合会）に参加するようになった．ポプリは埼玉県内のセルフヘルプグループがお互いに助け合い，1人ぼっちの仲間をなくそうと始めた活動である．当初ポプリの会は団体加盟だったが，団体は数えるほどしかなかった時代である．進さんにとって朋友の会も大事であるが，いろいろな活動が埼玉県内にあることを知るきっかけになった．置き去りにされていた当事者がようやく声を出し始めていたのである．進さんは視野が広がり，当事者間の絆が強まり，仲間の大切さを実感するようになっていった．

　そのころ，やどかりの里に対しては，周りからさまざまな批判があった．当時朋友の会ではペンネームを使っていたが，そのことに対して，活動する時，建前と本音を使い分けているのではないかとか，身内なのに谷中先生と「せんせい」をつけて呼ぶのはおかしいのではないか，などという批判である．

　全国の患者会の組織もあり，進さんはそれほど意識はしてなかったが，谷中先生からは，全国組織は永瀬さん，県の連合会は小山さん，クローバー社は菅原という役割分担を提案されたそうである．しかし，実際は活動が始まると，すべて進さんにかかってくるようになった．その結果，進

さんは胃を悪くして，レーザー治療を受けることになった．

和子 進さんがポプリの副会長（現在は会長）になることを私は反対しました．明け方に起きて，眠れないでいるのを見て，病気になってしまうのではないかと心配したからです．もっとのんびり過ごせばいいのにと思いました．でも，反対はしたけれど，結果的には手伝うことになりました．進さんがポプリの会をやっているのを見て，ずいぶん視野が広がったと思います．言葉や態度も変わっていったなあと思います．頼もしくなってきたなあと思います．やさしくていい人だけれど，肝心なところはしめてくれています．たいへんだなと思う反面，やりがいもあるのだろうと思います．亭主関白で，自分の思いは通す人ですね．

進 患者会でお見合いパーティを開いたことがあるんですが，デートに誘われて困ったことがあるんです．家に電話がかかってきて，和子が出たのですが，
「お母さんでしょう」
と言われたらしいです．和子は，失礼だと怒って
「妻です」
と答えたらしいです．ごめんなさいと向こうは謝ったそうです．

ウェディングドレスが着たい

　和子　長い間の交際期間で，進さんも待っていてくれたんだと思います．私もずっと気持ちを暖めてきて，このままでは寂しいなと思うようになって，ある時進さんに「1人でもいいからウェディングドレスが着たい」伝えました．歳をとるとドレスも似合わなくなるし，早く着たいなと思っていました．女なんだから一生に1度は着たいと思っていたのです．私の気持ちを伝えれば，何とかしてくれるかなと思っていましたが，びっくりしたような顔をしていました．

　進　和子の気持ちにぴんときて，谷中先生に相談したら，やどかりの里で結婚式をやろうということになりました．10代，20代なら駆け落ちもいいけれど，親や兄弟の意見も聞かなくてはと思い，実家に帰って母や兄や姉に話しました．

　和子　私の両親は進さんの人柄を見ていたので，反対ではなかったのですが，和子のほうがすぐにだめになってしまうのではないかと心配しました．父が私のアパートに泊まって，谷中先生に会って相談しました．谷中先生は，
　「進さんがたいへんな時に和子さんが面倒を見た．人の面倒が見られるようになったのですから大丈夫でしょう」

と話してくれました．

　進　熊谷の寿司屋で両家が会って，話し合いの機会を持ちました．和子の父親と兄は，和子が私に頼りっぱなしになってしまい，すぐに潰れてしまうのではないかと心配していました．それに対して，私の兄は（次兄）は，
「やらせなければわからない．やらせてみたらどうか」
と言ってくれました．その発言が和子の家族の心を揺り動かした感じでした．
　結婚までの6年間の交際期間中は清い関係でした．和子を大切にしたかったのです．仲間から「いなちゃんはいい子だ」と言われていました．和子のほうが年上ですが，子供のようなところもあるし，妹のような時も，姉のようなところもありました．

54名の参加者で108の目に見守られて結婚する
〔1994（平成6）年6月6日〕

　1994（平成6）年6月6日は仏滅だったが，朋友の会の仲間たちがすべて準備をしてくれ，司会も勤めてくれた．
　皆に祝福されて2人ともとてもうれしかったという．54名もの仲間が集まって，やどかりの里の新館のホール（社会復帰施設）で，人前結婚式をあげた．その時の様子を撮影したビデオは，何回見ても感動するという．
　その後，ウェディングドレスを貸衣装屋で借りて，写真

をとった．

　2人が恐れていたことは共倒れだったが，両方で風邪を引く時もあったけれども，実際には片方が調子悪いと片方が元気になる．和子さんはとても面倒見がよくて，炊事洗濯を一手に引き受けてくれるので，進さんは10年間1人暮らしをしていたのに，今では家事はあまり手伝わない．しかしCDやビデオの操作はもっぱら進さんが引き受けているそうだ．

　和子　結婚はうれしかったけれど，不安もありました．結婚して，
　「菅原さんですか」
と聞かれて，
　「いえ，違います」
と答えてしまったこともありました．
　子供は好きだけれど，大きくなるまで責任を持って育てられないと思いました．そして，主人も私の体のことを大切に思ってくれて，2人で話し合って子供は作らないことにしたのです．

結婚1年目の正月〔1995（平成7）年正月〕

　和子　こんなに幸せでいいのかなと思う日々でした．2人でビール飲んで，膝枕して，寅さんの映画を見て，幸せだと思いました．こういう幸せが続いていけばいいと思っ

ています．不安がなくなり，この人といっしょにやっていけると安心できるようになりました．主人がぎっくり腰になったり，私が子宮内膜症になったり，そういうことも乗り越えて安心できるようになっていきました．今はもう1人ではいられないですね．

　子宮内膜症の疑いがあると言われて，私が泣いていたことがありました．そんな時，主人がいてくれて，
　「俺の胸で……」
と言ってくれました．また，買い物にしても，
　「1人では買いに行けない」
と言うと，いっしょに行ってくれました．また，進さんが1人で私のために電気毛布を買ってきたこともありました．そういう時には「ああ，うれしいな」と思います．私が泣いている時なんか，黙って側にいてくれる．それだけで慰めになるんですね．

　また，私がしくしく泣いていると，だんだん面白いことを言い出して，冗談を言ったりするので，つい笑い出すこともありました．

母であり，姉であり，妹でもある妻

　進　和子は1人じゃいられないんです．1人じゃ寝られないんです．お互い末っ子同士で甘えん坊だなと思っています．お互いにわがままを許し合えるんですね．かつてラブレターにも書いたんですが，私のほうが甘えたくなるん

ですね．和子はいい子ぶりっ子で，人には見せない部分を私にはぽんぽんぶつけてくるんですね．10年いっしょに暮らしているわけですが，いるとうるさいし，いないと変な感じなんですね．和子は世話焼きなんで，何でもやってくれます．だから自分ではやれなくなってしまって，生活力がなくなってしまったのではないかと思います．自分にとっては，母親のような存在に感じることもあります．

　私より歳上ですし，「爽風会」でも先輩ですし，姉のように感じることもあります．そして，和子が具合が悪くて寝ている母親の面倒を見ている姿を見ると，母とか姉を思い浮かべました．

　また，森林公園に行った時に，私は普通の自転車ですーっと行くのですが，和子は小さな自転車で一所懸命走って来るんです．そういう姿を見ていると可愛いなと思うんです．そんな時は妹のように感じることもあります．

　和子はお嬢さん育ちで，純粋な性格だと思います．お風呂屋さんに行くと，おばあちゃんに声をかけられたりします．やさしい性格なんだと思います．また，以前は渡り鳥のようなふわふわした性格だと思っていたんですが，今は足が地について，石ころみたいな頑固さがあると思います．歳の割には幼いところもあって，性格も好きですね．音楽がお互い好きだったり，趣味が共通しているんですね．演歌やさだまさしの歌をよく聞きます．まあ空気みたいな存在で，いるとうるさいけど，いないと寂しいんですね．

2人のことを見守ってくれた両親

　和子　結婚当初は主人が留守だと心配で，父がいたころは，主人が出張で2日とか出かける時は，
「実家に，帰ってもいいかな」
と聞いて，熊谷の実家に帰っていました．母は具合が悪くて寝ている時に面倒を見てあげられたから，少しはお世話になった分を返せたかなと思うんですが，父には面倒をかけっぱなしでしたね．母が入院していて，父が亡くなった時には熊谷に帰る時には父のことを思ったり，母のことを思ったりしながら泣きながら帰りました．今はもうそんなことないですけどね．結婚してからも経済的にも応援してくれて，何もしてくれなくていいからと言っても，父から出して上げるよと言ってお金をもらったこともありました．
　それだけではなくて，私がたいへんな時に電話したりすると，
「がんばれよ」
と言ってくれたり，
「おれもたいへんなんだ」
と言われたこともあります．父も高齢だったので，あまり文句を言ってはいけないなと思って，だんだん言わなくなりました．私も父のたいへんさがわかるようになりました．
　大宮の駅ビルで父の好きなサバ寿司を買っていってあげたりすると，

「和子が買ってきてくれたかい」
と父はとても喜んでくれました．たまにですけど，昆布の軟らかいのを煮て持っていってあげたりすると，
「和子もこんなことができるようになったのか」
と父が喜んでくれて，少しはそれでうれしかったですね．

父は私たちのことをずっと見守ってくれていたんだと思います．主人は父のことを「隕石」とあだ名をつけたのですが，ほんとに頑固親父でしたね．

母は，今はちょっと呆けちゃってかわいそうだけれど，兄の所で幸せに暮らしていてよかったと思います．母もほんとうにたいへんだったろうし，今さらながら申し訳なかったと思います．

グループホームのリーダーとして

進さんの住んでいたアパートが1992（平成4）年からグループホームになった．その時，当時グループホームでいっしょにいた仲間と再入院しないように，お茶で誓い合ったという．新聞の勧誘など，ドアを叩かれてもすぐには開けずに，
「どちらさまですか」
と聞くようにしようとか，仲間同士で話し合ったりもした．和子さんが先にごうごうといびきをかいて寝てしまって進さんが寝そびれている時など，仲間の住んでいる部屋の灯りがついているのが見える．そうするとほっとして，灯り

を尋ねていくと，ジュースをご馳走になって話したりすることもあるそうである．一方で，グループホームに入っていたメンバーが朝の4時ごろ電話してきて，お腹が空いたから何か持って来てくれと言われたこともあり，それは困ったことだと進さんは思っている．

32年間入院していた女性が，

「グループホームがあるから私は退院できた．生活していかれるんだ」

と言ってくれた時はうれしかった．

同じグループホームのメンバー同士の交流が生まれていくが，ある意味ではプライバシーがあるので，お互いあまり踏み込まないで，困った時には助け合うことが大切だと思っている．

2人の結婚生活

　和子　主人は私のことを「便所こおろぎ」とか，「ぶっ壊れラジオ」と呼んだりします．

　進　「便所こおろぎ」というのは暗い中でじっとしているじゃないですか．和子が家の中でだまってじっとしている時の状態をそう言ったのです．「ぶっ壊れラジオ」というのはラジオが壊れると周波数が高くなって，がーがーぴーぴー鳴ってうるさいですね．和子の調子が高くて，躁状態になっている時の様子を表わした表現です．「幽霊」と言っ

たこともあります．和子がぼーっとしている時を表わした言葉で，これは愛情の裏返し表現なんですね．その時の様子がとても可愛かったんです．

　和子　「幽霊」と呼ばれた時はさすがに怒りました．また，2人で楽しめる物を買ってきてくれたりします．家にいると，
「音楽を聞くかい」
と尋ねてくれて，好きな音楽を聞いたり，カラオケでいっしょに歌ったりします．アパートで朝からカラオケをやっていて，隣の家の人に私の声が大きくて怒られたこともあります．その時はグレープフルーツを持って謝りにいきました．
　風邪を引いた時に薬を取りに行ってくれて，みかんを買って来てくれて，とてもうれしかったことがあります．
　やっぱりお互いに病気を持っているので，共倒れが恐いですね．でも実際は，かたっぽが元気ないと，かたっぽが元気出てきてという感じですね．

　進　結婚した年に6回倒れました．直立不動で倒れて，ファンシーケースを壊してしまいました．脳波が乱れていたようですが，その後はなんでもなかったです．和子は倒れたのを見て，死んだのかと思って心配してくれました．

　和子　主人の母はとてもよくしてくれます．90歳で高齢

なのに，新聞紙に包んで，魚やこしあんを送ってくれたりします．お兄さんやお姉さんもとてもやさしくしてくれます．仲間の支えも大きいですね．

　進　私は小さいころ鼻の両脇に汗をかくので，いいお嫁をもらえると言われていました．
　私は結婚した当初は120％の幸せと本に書いたことがあります．でも，時間が経つにつれ，変動相場制だと感じるようになっています．喧嘩したらマイナスにもなるしね．でもこれは人間対人間の関係であって，精神障害者だからということではないと思いますね．
　新潟に和子の幼馴染がいるんですね．健常者の方なんですけど，ご主人もいい方で，一度喫茶店で待ち合わせて話したことがあります．私は病気をしてからだんだん友人もいなくなったんですが，和子は地元にずっといましたので，そういう交流もあるんですね．旦那さんは理解のある人で，私たちの話を聞いて理解を示してくれて，私たちの考え方に同感してくれました．利益追求型の社会の中で，私たちに友達のようにつき合ってくれています．

全国精神障害者団体連合会（全精連）とのかかわり
（進―48歳で副代表）

　進さんが全精連副代表の時，全精連の機関紙の編集長になったことがある．しかし進さんには，編集者は負担が大

き過ぎた．結局，進さんのほうから身を引いてしまった．
　しかし進さんは，全精連に関わって，先駆けのすごい所があるんだ，素敵な活動をしている所もたくさんあるんだということを知った．「ポレポレの会」（三郷協立病院OB会）に講師として呼んでもらったこともある．
　そういう経験の中で，やどかりの里という枠の中での自助グループの難しさを感じている．何もない所の自助グループと，資源の整っている所の自助グループの違いがあると思っている．
　「やどかりの里」は，現在の状態では「いこいの場」から，働く方向へ向いていると進さんは見ている．資源も整っているし，相談したければ職員もいる．でも，応援者がいないと全部自分たちでやっていかなければならない．それは難しい反面おもしろさもある．豊かさの中の難しさとでも言うのだろうか．資源がないためにやれる自由さというのもある．物がある所には新しい物を作りにくいが，荒れた土地はたいへんだけれども耕すことができるし，新しい家を建てることもできる．

進　全精連の代表には自分からなったというより，させられたという感じですね．自分でなりたいというより，会場の雰囲気でした．その時は全精連が赤字だったので，もちろん無給でした．その上，役員が会議に参加するための交通費も出せなかったんですね．それでカンパのお願いをファックスで流してくれと当時の事務局長に言われたので

すが，その書類をどう流していいのかわからず混乱してしまい，とうとうドクターストップがかかってしまったんです．

　患者会活動は，健康上の理由もあるので，そろそろ手を引こうかなと思っているところです．ポプリは後1，2年で会長を後輩に譲りたいと思っています．

　和子　ポプリだとか，全精連だとか，私はいつもだめだよ，よせよと言うんです．主人の体が心配だし，神経使ってたいへんになってしまうんではないかと思うんです．それでなくても，朝早くから目が覚めてしまっているし，薬の量も多くて，病気になっちゃったらと心配なんです．

　でも，男なんだから，やりたいことをやれば，あとでやらなくてつまらなかったと後悔しないのかな，自分でいい人生を送れるのかなと思って，最終的には賛成しちゃうんですね．

作業所で働いて

　和子さんは現在ドリームカンパニー（註：やどかりの里作業所．リサイクルショップをやっている）で働いている．たいへんな時もあるけれど，悩みを話せるいこいの場でもあり，仕事の場でもあり，帰る時には元気になっている．週に2回働いているが，苦楽をともにしてきた仲間がそこにはいる．

いっしょに働く仲間である清水陽子さんは親友で，電話をかけ合ったり，たまには遊びにも来たりする．女同士で，こういうのいいねと言ったりしながら，デパートを見て歩いたこともある．

進さんはクローバー社で働いている．クローバー社は当事者中心に運営する作業所なので，一般就労とは違った苦労があるという．苦労ばっかりしているから「『クロー』バー社」だと皮肉の1つもとばしたくなると進さんは笑う．

入院した病院の主治医からは，患者会活動ばかりで，なぜ一般就労しないのかと言われる．けれども進さんは，医師の権威主義的なところには反発するが，納得できることについては，従うつもりだといっている．

医師によっては患者会や当事者団体をないがしろにして，「働け，働け」という人がいるけれども，進さんは決定権は自分自身にあると思っているから，当時代表だったこともあって，患者会活動をやりつつクローバー社を選んだそうである．医師の感覚はそれぞれ違っていて，固い人，柔らかい人，普通の人がいる．だから，進さんは「これからは，自分の納得のいく医師を選んでいくつもりです．そのほうが安心だし，惑わされなくてすむからです」と言う．

進 かつて，山形大学で受講者が医師の卵だけの講演で，
「どういう医師になってほしいですか」
と学生に聞かれたことがあります．私は，
「日常生活は自分たちでやるから，薬の専門家になって

ドリームカンパニーで仕事中の和子

やどかりの里本部で受付業務をする進

ほしい」
と答えました．

　別の医師向けの講演の後で，谷中先生を交えての懇談会に出たことがあります．
　「新薬が出ると自分で飲んで確かめる」
という人もいましたが，谷中先生は，
　「ああいう人はまだアウトロー，少数派だな」
と言っていました．

　進さんは普段8時に起床する．1回起きると眠れなかったり，寝つけなかったりする．眠剤は7錠飲んでいて，追加眠剤も出ている．薬の量は多いので，講演に行くと，
　「薬をデザートのようにして飲んだらどうですか」
と話すそうである．

夫婦の暮らし

　進　妻は作業所に通いながら，家事もやってくれていますが，両立はちょっと荷が重いようですね．家事は主に洗濯や食事づくりなんですが，夕食はやどかりの里の作業所の「まごころ」の宅配のお弁当を利用しています．でも宅配が休みの時は作らなくてはならないし，作業所に行かず家にいる時は昼食も作ってくれます．
　作業所に行かずに家にずっといるのもたいへんだし，週に何日も出かけると疲れてしまうし，その辺のバランスが

難しいですね．年齢的にも無理がきかなくなってきていますしね．

　和子は志村のおばさんに電話して話を聞いてもらったり，私にも，他の皆に言えないことをぶつけてきますね．

　私は煙草を吸うので，小遣いは余分にもらっています．買い物する時には1万円以上するものは相談するんですが，始めはレーザーディスクを買うのも反対されたんですが，今はいっしょになって楽しんで見ています．和子は機械音痴で，何でも壊してしまうんです．リモコンは敵討ちみたいに強く押してこわしてしまいました．9年目にしてやっと要領がわかってきたみたいですが，今まで，テレビ，こたつ，トイレなど，一通り全部こわしてしまいました．トイレはつまって，修理代を33,000円取られてしまったこともあります．襖もびりびりにしてしまいました．だから，アニメのアンパンマンに出てくる，悪いことばかりするので宇宙に飛ばされてしまう「バイキンマン」とあだ名をつけたこともあります．

　アパートはかなり老朽化した建物なので，天井板が落ちてしまったんですね．その天井の板を和子が割ってしまったんですね．それをゴミに出そうとしたんで，慌てて止めました．今もガムテープで止めて天井に貼りつけてあります．そのほかにもテレビは壊すし，炬燵も壊して，取っ手も壊しました．リモコンも再生をしている状態で，ストップを押さないで，電源を切ってしまうんですね．壊れるもとですよね．最近ようやく缶詰が開けられるようになりま

した．

　実は，大家さんの息子さんはこの先アパートを経営するつもりはなく，1998（平成10）年に清和荘を取り壊して駐車場にすることが決まりました．そして，私たちの引越しが決まったんです．グループホームとは縁が切れて，普通のアパートに移ることになりました．現在は今までのグループホームとは違い，周囲の環境が静かで落ち着いている分，天国と地獄ほどの差があります．

結婚してからは1度も入院していない

　和子　私は結婚する前は，調子が悪くなるとすぐに入院していました．でも，結婚してからは1度も入院していないんですね．子宮内膜症の疑いのあった時も，私が泣いていると主人が「俺の胸で泣いていいよ」と言ってくれて……うれしいな，よかったな，1人じゃないんだなと思ったんです．父が亡くなった時も，私が泣いていると黙って横にいてくれて，何も言わなかったけれど，それだけで慰めになりました．父が死んだ時は泣いていたけれど，入院しなくて乗り越えられたのは，主人がいてくれたからだと思います．安心して夜もぐっすり眠れるんです．そのうち主人が面白いことを言い出して，私も喋り出して，主人には，
　　「なんか面白いところ俺に似てきちゃったな」
と言われました．私のことを何でも壊しちゃうから，バイキンマンって呼ぶんです．

主人が疲れている時は，
「寝たほうがいいよ」
と言うと寝ているし，私ももう歳を取ってきたので，疲れるから寝ちゃうし，そんなに無理しないでやっています．
　主人といっしょに吉幾三の「ともこ」や千昌男の「めざし」というおもしろい歌を聞いたり，レーザーディスクで中森明菜ちゃんを見せてくれたりします．そうするとなんか気分転換できるんで，またがんばろうと，じゃあがんばったから見せてやろうと見せてくれるから，なんか楽しくて，またがんばろうと思ったりするんです．
　お互いに歌が好きで，父も母も主人のことをおもしろい呑気男だって，母は具合が悪くて寝ていることが多かったんだけれど，主人が歌がじょうずだから，主人の歌ったテープをかけてやると，母はとても喜びました．主人は老人ホームに行って歌を歌いたいという夢を持っているし，私は，帯が締められるようになって，着物が着られるようになったらいいなと思っています．

不安を抱えながらもアメリカへ研修旅行に

　1999（平成11）年6月に菅原夫妻はアメリカに行った．やどかり研修センター行っていた，日本のメンバーをアメリカのロサンゼルス派遣しプロジェクト・リターン・ザ・ネクストステップのメンバー（以下PR：TNS）と交流する企画に参加したのである．

【註：PR：TNSとは，アメリカのカリフォルニア州ロサンゼルス精神保健協会の精神障害者が運営する自助グループである．精神障害者自身がスタッフとなりロサンゼルス郡内の支部で集会を開くなどの活動を行っている】

　和子　その時も私が行くとか行かないとか，行くのがいやだとか，お腹が痛くなっちゃって，もう行かないと言ったら，主人が，
「じゃあ，別れよう」
と言うんです．谷中先生が，
「大丈夫だから，勇気を持って行くように」
とせっかく言ってくれたんですが，なかなか決心がつきませんでした．
　実は，私はアメリカに行くと，鉄砲で殺されてしまうのではないかと恐れていたんです．でも，兄に相談すると，
「お前が行きたければ行けばいい」
と言ってくれたし，これが最後のチャンスかなと思ったりもしました．主人もいるし，やどかりの里の職員の白石さんや宗野さんもいっしょに行くのだし，とうとう行くつもりになったのです．
　主人は私のパスポートを取るのにいろいろ手伝ってくれているのに，私がいろいろ言ったから……「別れる」とまで言われてしまい，最後になって「行く」と言って，それでやっと行ったんです．

でも，外国旅行はそれまで行ったことがなかったので，心底恐ろしい気がしました．主人が何回も，
「おれがいっしょに行くんだから大丈夫だ」
と言ってくれたのが，心強かったです．

アメリカの当事者運動を見てみたい

　進さんはそれ以前，1997（平成9）年に初めての外国旅行でイギリスに行っている．国際会議に谷中理事長（現会長）と同行したのである．この時は引ったくりに遭ってパスポートを奪われたり，いろいろあったのですが，この時の経験で言葉は使えなくても，結構気持ちを通じ合うことはできると思ったという．この経験が進さんの自信につながって，アメリカ旅行では和子さんを支え続けたのである．

　進　アメリカの患者さんたちはどんな暮らしをしているのか，当事者運動はどうなっているのか，日本と同じようなところ，変わっているところ，進歩しているところはどこなのか，いろいろ見たり，聞いたりしてみたいと思いました．行きたい，行きたくないという気持ちが交錯しました．職員の宗野さん，白石さんがいっしょに行ってくれるのが心強かったです．
　アメリカの患者には弱々しい人もいたし，ビル＝コンプトン（註：PR：TNSのディレクター）のように力強い人もいました．また，アメリカ独特の自由奔放な人もいまし

た．PR：TNSの活動を見て意外だったのは，薬を飲むところを1回も見なかったことです．

　カタリナ島でのキャンプで，キャンプファイアを焚いて，私は歌が好きなので「松ノ木小唄」を歌ったところ，とても盛り上がったのです．アメリカの当事者は明るくて，朗らかだなと思いました．

　和子　私は日本ではうるさいほうなのに，アメリカではみんなが騒ぐので，私がうるさくても大丈夫だなって思いました．

　でも，アメリカに行って初めての晩，あまりの強行軍で疲れてしまって，

　「こんなはずじゃあなかった」

と文句を言ったんです．とにかく恐かったんです．ロングビーチでは玄関を厳重に閉めるのを見て，物騒な所だと思いました．

　進　うれしかったのは，PR：TNSのメンバーとして認める，あなたも私たちの仲間だという盾を2枚ずつもらったことです．ああいう習慣はいいと思いました．PR：TNSのバッジを配られて，アメリカでは当事者運動にもお金がおりているんだなと思いました．

　和子　職員の白石さんは，

　「夢のようだ」

と言っていました．私も夢のような10日間でした．カタリナ島では4時間も歩いたんですが，疲れは感じなかったですね．

　進　カラオケに連れて行ってもらったので，「荒城の月」「つぐない」「兄弟舟」を歌ったら，PR：TNSのメンバーの1人である日本語のとてもじょうずなゲインズさんが，
　「日本の心だ」
と言ってくれました．
　私が「人生の並木道」を歌ったら，ゲインズさんが，
　「あなたが作った歌ですか」
と聞いてくれました．

ホームステイ先での思い出

　和子　ホームステイ先はTさん宅．女の人で1人で住んでいました．いい人で，優しくて，私が寝ていると「和子ー」って起こしに来てくれました．Tさんのお家で朝食にコーラとケーキを食べました．デパートにも連れて行ってくれたんです．熊の人形と花をあげたら，「おーっ」と言ってとても喜んでくれました．

　進　ホームステイ先で，夜のハリウッドの町を5人で歩きました．他の4人は日本語が話せませんでした．蠟人形館に行って，マリリンモンロウのTシャツを買いたかった

のですが，高くて買えませんでした．ハリウッドでは中国館が人気がありました．

　あと，ハリウッドでは，サーカスがよかったですね．言葉はわからないけれどとてもすてきでした．芸術は国境を越えるなと思いました．

　アメリカでは参加者が何となく集ってくるのです．それが国民性の違いなんでしょうか．それに，みんなよく食べますね．

　行く時に兄や姉にお金をもらったので，自由の女神の像をお土産に買ってきました．

　PR：TNSでは日本より当事者のパワーがあると思いました．ビル=コンプトンの影響かもしれませんね．メンバーの中には弱々しい人もいたけれども，ゲイルさん（当事者グループの一員．女性であるけれど，女性と結婚している人）はコンプトンの次を目指していると言っていました．

　公園みたいな所で野外パーティをしたんですが，バンド演奏つきで，1人1人紹介していくんですが，「ススムスガワラ」と呼ばれると，みんなが拍手してくれました．

　秋吉さんの奥さん（良美さん，ロサンジェルス郡精神保健協会のスタッフ）が向こうのメンバーからすごく慕われていました．

　アメリカで忘れられないエピソードの1つに，秋吉さん（光雄さん，やどかりの里の谷中輝雄会長とロサンジェルス郡精神保健協会のヴァンホーン会長が出会い，互いの交流を進めていくこととなり，ロサンゼルスで牧師として活

動していた秋吉さんがその交流を助けることとなった．その後，日本とアメリカの精神障害者，関係者の交流が活発となった）のことがあります．癌で亡くなられたのは残念ですが，日本とアメリカの架け橋になると言って，太平洋に骨を流されたんですね．すごい感動的な話で，とても考えさせられました．

　和子　私もセーターを貸してもらいました．良美さんは，涙を浮かべてご主人のことを話してくれました．

世話女房な和子さん

　進　和子が深夜に風呂場で洗濯物を手洗いで毎日洗ってくれました．深夜の２時ごろまでかかっていました．夫婦２人というのは強いなと思いました．長崎から来たメンバーで，日本に戻ってから休息入院した人もいましたから……

　和子　アメリカには洗剤とか小さな干し機を持って行っていたので，洗濯は自分でしていました．夫は，
　「家事は女がやるもんだ」
と言います．それを姉に言うと，
　「まあ，にくらしいね」
と言っていました．
　歯が痛い時とか，忙しい時などは，洗濯を手伝ってもらいたいと思います．でも洗濯物を干すのを手伝ってくれた

ことがあります．その時はとても嬉しかったです．

　進　私には兄弟姉妹が多いんですが，歳が離れ過ぎているんです．すぐ上の姉とは6歳違うんです．だから1人ぼっちで過ごしていることが多かったんですね．そのせいか家庭生活ができないんです．

　和子　教えて上げるからと言うんですが，やる気がないんですよ．ほんとに赤ちゃんみたい．

　進　和子はこういうことを言うこれども，うちでは面倒見がいいんですよ．世話女房なんです．
　10年間1人暮らしをしていたから，その間に生活能力が奪われてしまったんだ．
　私は大らかだけど慎重で繊細なんです．和子は繊細なようだけど，結構度胸があるんです．結婚してからまたいちだんと強くなったように思います．アメリカに行っても日本語をまくし立てて何とか通じさせてしまうんです．向こうの人は大柄で体格がいいから，抱きしめてくれると和子が子供のように見えてしまう．でも，そういうスキンシップが大切だと思います．

やはり日本人でよかった

　進　帰国して，和子があまりうるさ過ぎるので，

「掃除と炊事が終わったら，洗濯機でぐるぐる回ってろ」
と言ったら，谷中先生が，
「それでは洗濯機が可哀想」
と言いました．
　でも帰ってきて，やはり日本人で良かったと思います．食事もお茶もうまいし，日本人で良かったと確認しました．

　母が300万円で宮城の実家に墓を建てたんです．そして，
「菅原だったらだれが入ってもいいよ」
と言ってくれました．私は骨になったらその実家の墓に入りたいと思っています．

私の人生観（進）

　進さんは始めのころは，病気を認めたくなかったそうである．主治医からは税金を払える人になれと言われて，母からはだれにも迷惑をかけずに1人で生きていきなさいと言われたけれども，税金を払うとか払わないとかは主治医が決めるのではなく，自分が決めることだと思うようになってきた．母が言うように，だれにも迷惑をかけないで生きるというのでは，孤立してしまうと思う．人間は，人という字のごとく，支え合って生きる関係であり，そのネットワークづくりで生き生きとしていかれる，その楽しさや喜びを分かち合うということだと思うので，やはり孤立してはいけないと思っているという．

生活保護を受けることにも抵抗があった．和子さんが何かのアンケートで，進さんの職業を会社員と書いたことがある．それを見た時に，和子さんに辛い思いをさせているんだなと気づいたという．そのころは生活保護と障害年金でやっていこうと思っていたのであるが，そのことで一般就労しようかと思ったこともあるそうである．しかし，自分の実情，ことに歳というのは厳しいもので，50代は，はっきり言って無理が効かないという．

　進　私は，物よりも心が大切だと思っています．ビデオやオーディオ，本とか衣類，そういう物質ではない心の安定，ゆとりが大切で，私にとっては価値転換でした．りっぱな家を建てても，あの世には持っていかれないですよね．死んでいく時には1人ですからね．りっぱな家よりも夫婦でお互いを大切にし，高め合いながらやっていかれればいいですよね．兄は職場まで2時間から3時間かけて通勤していますが，もうじき定年なんですね．すばらしい家を作ったものですから，家のローンが残っていて，まだ働かなくてはいけないと言っています．経済的には兄のほうが恵まれていると思いますが，私のほうが楽しい人生を送っているなと思うんですね．そして悔いのない人生を送りたいなと思っていますね．

　私は作業所まで10分くらいで通えますし，病気になって疲れやすいということはありますが，2人で障害年金をもらって，後は生活保護で足りない分を補助してもらってい

ます．病気になる前は友達も少なかったんですが，今は仲間も大勢いるし，ずっと企業で働いていたら和子にも出会えなかったですからね．

　もちろん，病気になってたいへんな思いをしたなとは思います．でもね，今がいちばん幸せだと思いますね．波が少なくなりましたし，平常心でいられるようになりました．結婚して落ち着いたし，安定してきましたね．

　心の豊かさ，ゆとり，安定といったものが，生活の向上を促すと思うんです．それが私にとってのQOL（クオリティーオブライフ：生活の質）だと思うんです．

精神障害者Aで終わりたくない

　進　精神障害者に対する偏見，何か恐い人，何かしでかす人だというイメージがあると思うんです．それは，新聞報道やテレビなどのマスコミでの匿名報道が，そういうイメージを助長していると思います．そうではなく，精神障害者が何か罪を犯すようなことがあったら，名前と顔写真を出して，犯した罪をきちんと償っていくべきだと思います．もし自分が罪を犯すことがあったら，障害者Aで終わりたくないと思います．罪を償って，それで一生を終えたいと思うんです．

　一方で，精神病院の閉鎖病棟で，罪を起こしたわけではないのに，悲観して自殺したり，老衰で亡くなった人たち

がいるんですね．その人たちにどんな責任があったんだろうと思うんですね．なんか納得できないのです．

お互いの支え合い

　和子　私が大腸がんの疑いがあるかもしれない，しこりがあると言われて検査した時，主人は心配で心配で眠れなかったっていうくらい心配してくれました．お互いに心配するんですね．私も主人が成人病で検査した時，心配して一所懸命お祈りしました．お互いが支えだし，私にとっては，主人が最初で最後の人だから……冗談で，
　「私が死んじゃったら若い人をお嫁さんにもらうんでしょ」
と言ったら，
　「そうだよ」
って，ふざけて言うことはありますけどね．
　主人はやさしいし，黙って聞いてくれるし，結婚するまではやどかりの里の職員に電話で相談していたんですけど，今はもうたまにしかしませんね．今は主人が聞いてくれるから大丈夫なんです．たまには主人の話も聞きますけど，あんまり言わないですね．
　主人は，
　「俺が家にいると，手がかかるからな」
と言うんですけど，でもいなくちゃ困るんですね．寂しいですね．
　入院しないで私が17年経ちましたし，主人は12年経ちま

した．2人でこれからもずっと，たまには旅行に行ったり，家でのんびりテレビやビデオを見たり，健康に気をつけて，のんびり過ごせたらいいなと思いますね．

やどかりの里と私

　進　やどかりの里に関わり始めて17年になります．やどかりの里は私にとっては学校の延長のような気がするんです．何か絶えず学ばされています．学びの場ですね．

　病気をしてよかったと思うこともあります．始めのころは，病気になったのは周りや社会のせいにしていましたが，根底的にはやっぱり自分ですよね．

　発病当時は病気についての何の知識もありませんし，薬さえ飲んでいれば大丈夫だと言われたものの，病識もなく，自分の病名も知らない．医師に対する不信感もあるし，周りからはひたすら働け，働けと言われていました．そういう時期に，病院は嫌いですが，ある意味強制入院の経験はいい薬になっていますね．

　そして，やどかりの里と出会って，自分の居場所というか，伴侶にもめぐり合えて，家庭を持った．だから，病気になったことはすべてマイナスではなく，人の苦しさや痛みもわかるようなったんだと思います．

　入院していた時に，50キロの体重が68キロになったんだと病院のソーシャルワーカーに話したんです．その時にそのワーカーが，入院していた3年9か月の間に増えた体重

なのだから，3年9か月かけて減らしなさいとアドバイスしてくれたんですね．そう言われてとても楽になったんですね．その人は体重のことを言っていたのではなく，生きていくうえで焦ってはいけないと，手綱を引いてくれていたんだと思うんです．私は退院すると，一気に取りもどそうと焦ってしまうんですね．それで失敗することが多かったんです．

そして，結婚してから10年，入院していないんです．

　和子　やどかりの里もたまに行くといいなと思うし，知らない人がいるなと思うこともあるけれど，やどかりの里の行事に参加するのも楽しいし，コンサートも楽しいし，みんなが私たちに協力的で，見守っていてくれたから，落ち込むこともなかったですね．

やどかりの里がなかったら困りますね．やどかりの里があったから，ここまで来れたんだと思います．家族や仲間やスタッフの人たちの助け合いがあったからですね．

やどかりの里と出会って24年になります．人生の半分はやどかりの里と過ごしてきたんですね．自分は，やどかりの里に向いていたんだと思います．

ピアカウンセリングへの思い

　進　メンバーのSさんから生活支援センターにいた私に電話がかかってきました．職員の大澤さんが出たところ，

「菅原さんに代わってくれ」
と言ったそうです．その時，職員に言えないことでも，メンバーだから言えることもあるんだ，と気がつきました．自分の体験，知識，知恵を積んで，ボランティアとしてアドバイスができた．こういったことが仲間の役に立てるんではないか，と思ったりもしています．

　やどかりの里のメンバーで，クローバー社で働く仲間から，1日に15回もアパートに電話がかかってきたことがあります．この場合は相談的なことではなく，主に確認のための電話でした．疑問を一括して話せばすむことなのに，その都度だと途切れ途切れになってしまいます．
　その仲間とは信頼関係で結ばれているので，集会の様子を知らせたりしています．糖尿病でこのまま悪化したら両足切断と医者に言われたそうです．それで，野菜とそばで食事をしているそうです．現在，朋友の会は2年間休会しています．
　まるで私は連絡係のようなものです．この際，クローバー社と朋友の会との線引きをはっきりしなければいけないと思っています．でないと，休みの日はゆっくりしていたいのに，電話当番日と変わりがないからです．私が寝ている時には和子が電話を取ることが多いようですが，その点，和子にも迷惑がかかっているようです．

仲間が支えるメンバーのSOS

進 やどかりの里のメンバーの中にもSOSを出せない人もいるんです．困っていてもSOSが出せなかったり，SOSを発したい時に発信する場所が，人がいないという場合もあると思います．また，ほんとうはSOSを出す時なのに，SOSが出せない人もいると思います．その人たちをどう支えていくかということを考えています．ただ，本当に困っているのか，単なる甘えなのか，そこを見極めるのは難しいと思うんです．そこには老人問題も絡んでくると思います．何でもSOSではなく，できることはきちんと自分でできるようにして，何かやろうとする気持ちがなくなるとだめだと思うんですね．困難なことがあると，たじろいでしまって，すぐSOSを発しようとするのですが，1つ1つ乗り越えて前向きにやっていくことが大切です．何かあるとすぐに病気に結びつけてしまうということもまずいと思います．何か困ったことがあったら，内科は内科，外科は外科というように，何でも精神科というのではなく，自分で判断しながらやっていくのが，これから生きていく上での重要なポイントだと思います．それで，ほんとうのSOSかどうかは，その人の生活状態だとか，性格を把握していくとわかるのかなとも思います．

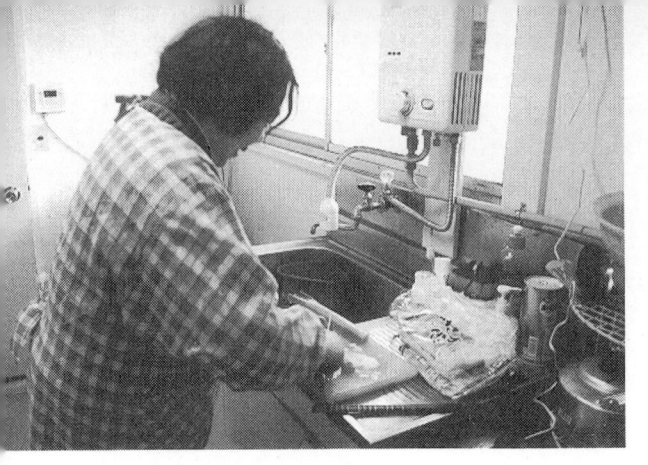

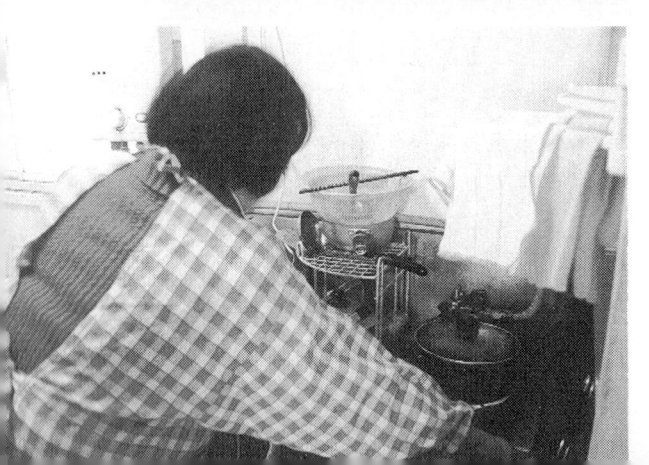

手際よく料理をする和子

職員に言えなくても，メンバー同士でなら言える．

　進　やどかりの里も組織が大きくなって，職員の目の届かないところも出てくるし，あるいは職員には言えないことも仲間にならば言えることもあると思うんです．もちろん仲間には言えないけれど，職員には言えるということもあると思います．仲間ならではの相談というか，わいわいがやがやお喋り電話，「よろず相談引き受けます」とでも言いますか，まあピアカウンセリングといわれているようなことを，これからの自分の仕事と考えていきたいと思います．

妻との暮らしの中で支え合うことを知る

　進　自分がそんなことを考えるようになったのは，妻との暮らしでの気づきがあります．私，結婚して妻の愚痴を聞いてやっている，妻の心のケアをしていると思ったのです．ドリームカンパニーの作業でこんなことがあった，と何遍も同じことをくり返すんです．聞いてやっていると思っていたんですね．ところが，妻に炊事や家事をやってもらっていて，自分が支えているのではない，お互い様なんだ，あるいは家の中では関係性が逆転しているんですね．私のほうがずっと面倒を見てもらっているわけです．そんな経験の中で，一言話せば楽になる，自分で思っているこ

とをちょっと話せば楽になる，そういうことがあるなと思うようになりました．仲間の話を聞いて帰ると，家に帰って眠れなくなってしまうこともあります．また，やどかりの里から帰って，家でポプリの仲間からの相談を電話で受けたりしていると，俺の人生っていったいなんだろうと思うことがあります．でも，自分も妻に話を聞いてもらって，すごく楽になったことがありますし，以前生活保護で暮らしている時は，電話を引く余裕がなくて，電話で相談したいと思っても電話できなかったことがあります．

いろいろな活動を通して見えてきたこと

　進　やどかりの里は「いこいの場」から働く場に変わりつつあるように思います．でも，その波に乗り切れない人がいます．その人たちに仲間としてアドバイスできるかもしれないと考えたんです．受付にいると私宛に電話がかかってくることがありました．私ですんでしまうこともあったわけです．ふだんやどかりの里に顔を出さないメンバーからも電話で，現在朋友の会はどうなっているのかという問い合わせがありました．
　朋友の会のメンバーは現在13名ですが，存続について考えています．
　ポプリの会でやどかりの里の朋友の会の活動報告をすることになって，その前に朋友の会の臨時総会を開いたんですが，朋友の会は高齢化が進んで，活動が慢性的に毎年同

じになって，活性化が図られていないという指摘がされました．

朋友の会の歴史は30年にもなるんですが，現在会員が13名と少なくなりました．あるメンバーは，
「生活に密着した仲間の支え合いはずっと続いているけれども，組織として運営するには朋友の会はしんどい」
と言っています．確かに組織の運営の中心になる人がいないのです．だけど，続けたいと言う人もいて苦慮しています．同じ釜の飯を食った者同士の仲間意識，信頼関係があるので，1人でも，2人でも朋友の会が必要だという声があれば，続けていきたいと思っています．

身近に迫っている老人問題

　和子　メンバーのTさんは，
「動けなくなったら死んだほうかいい」
と言っています．だから私は，
「大丈夫，介護保険もあるから」
と言ったんですが，でも，みんなこれからのことを考えると心配は絶えません．Tさんのことも心配です．将来的にはベランダがあって，風呂があって，買い物が近くでできる所がいい．電話があって，友達と行き来ができる所がいい．

32年間も入院していたTさんは同じグループホームの仲間だったのですが，退院して約10年たつのですが，Tさん

はこのごろ変わってきたように思います．
　他人のことも気遣うようになってきましたね．私とも，時間をかけてのつながりがついてきたように思います．Tさんとはお互いに心の底から理解し合えるようになってきました．
　「もし私が入院したらどうするの」
と主人に聞いたら，主人は，
　「どっちかが入院したらもう終わりだ．私は和子に何もやってやれないから，バイバイだ」
って言うんです．
　私は19年もつき合ってきたんだから，退院するのを待っていると言ったんですが……

　進　私には再入院してはいけない，という思いが強くあるんです．再入院の恐さはたびたびの経験でよく知っているから……1人でアパートに残されたらやっていけない．きっと援護寮からの出発になると思う．みんな，みんな赤ちゃんマンなんですよ．みんな支え合って生きているんですよ．
　私には和子抜きの人生はあり得ないと思っています．和子にはそのくらい支えられているんです．

　和子　そんな気持ちを持っていることをもっと早く言ってくれたら，もっと大切にしてあげるのに……

進 「あなた」って呼んでほしいなあ．

和子 あなた，もっと大切にしてあげるね．

進 私の脊椎の4番目か5番目の軟骨が変色しているんです．病院でMRIを撮ったところ，そのことがわかったんです．27歳のころ膝にきたことがあるんです．
　医師は若い時の働きすぎが原因だと言いました．寒くなると今でも腰と膝が痛くなるんです．
　玩具会社に勤めていたころ，アメリカに輸出する子供向けのビニールプールを作っていたんです．3回空気漏れを検査するんですが，50キロから60キロあるビニールの塊を，中腰で長時間かつぐんですよ．
　元来，私は腰は強かったんです．中学の時に次兄を投げ飛ばしたことがあるくらいなんです．定時制高校3年の時には上野公園1周のマラソンに出たこともあるんです．体にはそうとう無理をさせていたんだと思います．

和子 心配はしているけれども何もできない．ゆっくり，ゆっくり，楽しんで，好きなことをやって老後を過ごしてほしいと思います．自分もそうしたいです．仕事はほどほどにして，自分の好きなことをね．子供でもいればよかったんだけど……結婚したのが44歳だった．もっと若ければよかったけど……子供はほしかったけど，育てられないから……子供がいない分2人で楽しめばいいと思ったんです．

カラオケに2人で行ったりするのがうれしかったですね．

　進　講演に行っているので，旅行も2人でするのもいいな．

　和子　「私が先に逝ったら若い人をもらうんでしょう」と言うと，
　主人は「ばんざーい」と言うんです．ああ，憎らしい．

手紙 家族から知子・進へ

進の母：菅原みよし

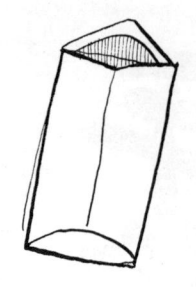

封筒消印　1984. 2. 16

菅原　進　殿

菅原　みよし

進へ　母より

前略
　月日のたつのは早いものですね．進の所へいって帰って
きてから今日で一月です．所で　近年にない寒でしたが
進変わりありませんか．母さんは元気で過ごしていますか
ら安心して下さい．
　次に帰ってくる時レーゾーコをそうじして何かかってい
れてくると思っていたのですが思ふとおりいかなかった．
　ごめんなさい．
　次に　いくらさむくても２月中ばですから　もう少しの
しんぼうですね．
　所で３月に　旅行にいく　話しありましたね　しるめん
でも送りたいと　思っていますから　いつころか　手紙下
さい．　話し変わりますが　進あんなによくなっていたと

おもわなかった．話しあいしてから　ふちーの人と変りありませんね．人は生て行くに　いろいろな　事のあう．それにまけないでただしく　生ぬいていくのは　しばらしいと　思っている．

　進母さんに　話されなくも　わかって　いる事だが　気をあせらないで　ただしい　やりかたをして　にどと　くりかえしのないようにして下さい．

　又話し　変わりますが　好男から　進ちれて　花見に行と手紙きている．その時　なにか　かってあげますからぜひきて下さ　それまで家を　なおして　きれいに　したいと　思っている．もう2月も中ばですから　中1月だ4月くるのも　もうしぐだ．進　体には　くれぐれも気をつけて　お過ごし下さい．母さんは　たのしみにしてまっています

　では又　母より

　進へ

　帰る時　進に　あんなに　おもいもの　もたせて　もうしわけないと思っている．この次に　行く時　あんなにいるいもたないで行くと　思っている．好男はあいてのたちばを考えて思いやりの　ある人ですから　話しことをよくきてなさいね．

封筒消印　1984. 11. 23

菅原　進　殿

菅原　みよし

進へ　母より

前略
　月日のたちのは早いもの　11月もおわる所ですね．進おかわりありませんか．母ちゃんはあいかわらず元気ですから安心下さい．
　前の手紙ちきますたか　あれは　母ちゃんの　考いがたまちがって　いると思っています．それより進のすきなたべもの　送りたいと　思って　かいました．それにばしたおる．手ぬぐい．はんかち．いれると思っているが．どうですか．あと母さん　仙台からひこししるふとんぶくろかつたの　まだあたらしいですから　よかったらあげます．
　話し　かわりますが　進わかっている事だが　母ちゃんも　23年から58年までよそで　働きとしてきました．いろいろな人にでいました．はらのたちこともありました．

その時は 高い〳広い〳青空 広い〳海 思いだして 世の中大きく考いて くよ〳しないで 大々な 気持ちで生きてきました．

　進も努力な人で会社つぶれても 進はつぶれないで 4年か 勉強してりぱな 卒業したんですから いらいと思っている．

　いつかあう日があると思ふから してきな セービロかってあげたいと思っている．にぎやかに しると まわりでうるさいから 正月はどうしたらよいかと考えている．進も考いて見て下さい．

　こなかったら正月たべるのを送りたいと思っている．

　にどと病院生活しないように おおらかなあかるい気持で又これからは寒くなる一本ですから からだには十分気をちけて かぜなど ひかねよーに お過ごしください．

　返事をまっています．では又

　　進へ

　　母より

　（なんんでも 大ぎさに しないで しこやかにたのしい 人生を送りたいと思っている）

　（好男らは さくらの花さきころに いくと しらせがあります）

　（この前 進のこい ききたいと思って でんわしたらいなかったね）

（上）菅原家の墓前にて：母と
（左）故郷の岩出山町にて：母と
（下）結婚式にて：兄たちと

（好男兄さんから手紙きました　進がよくなって　くすりしくなくなったと　かいてありました．進よるねむれなかったりしたら　もとへ　もどってから　大へんですからわけを話して　くすり大くのんで　なおしなさいね）

封筒消印　1985．5．4

菅原　進　殿

菅原　みよし

進へ　母より

前略
　進からのお手紙　27日ちいておまります．ま心こめてかいたご返事誠にありがとうございました．2月12日から働き始めてかぜをひいて2日休んだとの事　長く休ないでよかったね．そのまか休まないで　元気で働いておられる事　又仕事もなれて　まい日　たのしく過しておられる事　次に会社の　社長始め　みんな　いい人ばかりで　本とう

によいですね　進が　みんなに　よくあたって　いるから
と　思っています．けれども長い　月日の内にいらい人
でも　又まわりの人でも　何かのばわいにうまくいかない
時　いい顔ばかりないから　その時は気にしおてだめでしょ
　もとにかいつて　又病院へ　いくように　なってから
それこそ　大へんですから　まわりで　何話しても
大らかな気持で　ただしい事　やっておれば　何も心ぱい
ないです．
　進がわかっている事だが　年のためにかきました．
　むりをしないて　体をきたいて　あせらずに　一歩一歩
行こうと　思っていますとかいてありましたね．それはた
だしいかんいですよね．いちまでもゝも　じこうをして
病院生活二どどと　しないようにしなさいね
　進が努力して　こんなによくなって　だいたい　人なみ
に　くらしように　なつたのに　母さんこんな事かいてご
めんなさい．とにかく進がよくなって働くようになつたの
は心のおくから　母さんは本とうにうれしいです．
　次に母のことです．仕事できないほど目が悪いのではな
いが47の７月ころから病院へときどきいって見てもらって
　くすりを　きらさないで　のんだり　ちけたりしていま
した．３月中ばころから大へんよいと思って　くすりをや
めておりました．こんど大宮へいくにちいて　なんだか自
分でも目がへんだと思って病院へいって見てもらったら小
しわるくなつていると話されました．あんまりわるくなる
と大へんですから　進に誠に申しわけないが　目を　しっ

かりなおしてからいく事にしました．ごめんなさい．本とうに小しですが　お金三千円上ます．何かかってたべて下さい．又旅行に行く時たべもの送りたいからはつきりわかつたらかんたでよいですから手紙下さい．その時し一つ送ります．母さんの事は心ぱいしる事ないから　進からだに十分　気をすけて　いつも　健康でたのしい人生を送って下さいね．ちかい内に電話しますからたのしみに日のもとにはくれゞも気をちけて下さい．

　母さんのたのんだ電話バンゴしらせていただいて誠にありがとうございました．
　進働くのも大事だが健康でなければだめですから母さんかかないたてわかつている事だが体へんだと思ったらしぐ病院へいつて見てもらいなさいね．くすりのんでいるでしうね．

　進へ
　母より
　昭和60年5月4日

封筒消印　1986. 10. 29

菅原　進　殿

工藤　時子

進へ　姉さんより

　前略．朝晩めっきり寒くなりいつのまにかこたつの世話になる季節となりました．
　進其の後　お変り有ませんか．こちらの方は母ちゃん始め皆んな変りなく暮らしていますから安心して下さい．姉さんもすっかり御無沙汰して申し訳なく思っております．
　先日は忙がしいなか写真送って頂いてどうも有難うね．
　仕事意欲的に頑張っているとの事姉さんは何より嬉しく思います．
　昔の写真送ってほしいとの事でしたので，同封しました．
　それから宏司，秀和の小さい時の写真も一緒に入れました．
　進の小さい時の写真を見ているといろいろと昔の事が思い出されます．兄妹のうちで進と一番長く暮らしたせいか，

か，とてもなつかしいです．
　当時は，父ちゃんも病気なり，母ちゃんも大変だった事と思います．母ちゃんは勝気な性格なので今まで頑張ってこられたと思います．それにつけても母ちゃんはえらいなあとつくづく思います．1人暮らしの上，年なので常日頃心配しています．母ちゃんの所にたまには顔出さなければと思っていますがそれぞれ家庭を持っていると仲々思うようにいかないものですね．何か母ちゃんの事ばかり書いてしまいましたが進もどうか風邪などひかないように．これからは日増に寒くなりますので気をつけて過ごして下さい．
　正月にはぜひ遊びに来て下さい．待っています．
　では今日はこの辺で．

　進へ
　姉さんより

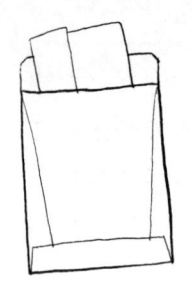

封筒消印　1986. 11. 5

菅原　進　殿

渡辺　きよ子

進へ　姉より

前略
　庭の木々も色づき，ひとときの安らぎを心にあたえてくれます．もう11月早いものですね．1年とは何と早く，過ぎて行くのでしょう．でも健康で過ごせる事は幸福です．
　進もつくづく，健康のありがたさを，かみしめながら，生活している事と思います．
　ほんとうに姉さんもうれしく思ってます．
　ところで写真ですが　進の子供の頃の写真あまりありませんが2，3枚ありましたので同封いたします．
　ところで進外国旅行に行くそうですけど　いろんな事故事件がおきてますので　気を付けてほしいと思ってます．
　お金もかかることですし　お金は大事につかいなさい．
　進は自分で働いてためたのでしょうが　人をうたがう訳

でありませんけど　世の中には良い人ばかりではありません．

　とにかく自分を自分で大事にして，楽しく暮らして下さい．生きることはすばらしいことです．これからは寒くなって行きます．かぜなど引かぬ様に気を付けて人生を楽しく生きて下さい．

　岩出山の母さんも年にもめげず元気に頑張っております．お正月には逢いたいと思ってます．

　　進へ
　　姉より

　（本ありがとうございました．もらっておきます．）

　（あまり夕日がきれいだったので写しました．好きな写真の1枚です．）

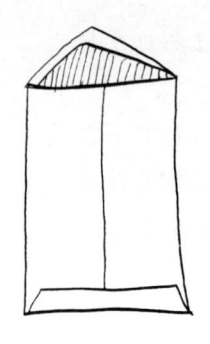

封筒消印　2002.11.8

菅原　進　和子　様

菅原　好男

進，和子様　好男兄より

前略
　だいぶ寒くなりました．
　その後元気で頑張っておられる様子
　何よりです．
　お陰様で兄さんの足の方もだいぶ良くなりましたが無理はできませんので会社の方はやめました．
　しばらくは治療に専念しようと思います．
　初孫の写真できましたので送ります．
　名前は彩音ちゃんと言います．
進からのお祝い本当にありがとう．
　皆んなで喜んでおります．
　兄さんも足の方良くなったら行って見ます．
　寒くなって来ますがお体を大切に．

では又. 好男兄

11月8日
進，和子　様

結婚式にて：進の兄にお酌を
する和子

おわりに

　菅原和子さん，進さんの2冊目の待望のブックレットが出版される運びとなった．1冊目は2人が出会ったところで終わっており，病気を経験した2人がやどかりの里に出会い，新たな生き方を模索する過程を描いてある．2冊目となる本書では，2人が夫婦となり，ともに生きる中で安定感のある暮らしを築いていった過程が記されている．
　2人の姿から，夫婦というのは互いのことを理解し合い，思いやり，さりげなく支え合うものなのだなと実感する．和子さんの抱えるさまざまな不安や時には愚痴をじっくりと聴いてあげる進さん．進さんの身の回りの世話を焼く和子さん．心配しすぎる余り，進さんに「うるさいなあ」と言われていることもあるが，和子さんは頓着がない．
　進さんは「うちは亭主関白なんです」と言うが，傍から見ているとどうも進さんが和子さんにずいぶん面倒を見てもらっているようにも見える．しかし，和子さんは「進さ

んが締めるところは締めてくれているんです」と必ず言い添える．

　先日新潟県五泉市で菅原夫妻が体験を語る機会があった．2人は，やどかりの里の講師団（やどかりの里のメンバーがやどかり出版文化事業部に登録し，各地からの要請に応え講演に出向くグループが組織されており，学習などを積みながら活躍している）の一員であり，このブックレットシリーズを携えて全国で講演活動を行っている．五泉市での2人の話は，2人の病気の体験とともに生きる暮らしぶりを伝えるものであった．2人が壇上に立つと，それだけである雰囲気を醸し出す．進さんは，必ず講演の前に一曲歌う．時にジョークを交えて，聴衆の笑いを誘う．2人の歩いてきた道程は，たくさんの山坂があり，本人たちだけではなく家族もたくさんの涙を流したはずだ．そして，進さんは「死」を見つめたこともある．でも2人は，そこを通り過ぎ，病気や障害の体験を持ったからこその生き方を見出してきた．だからこその明るさ，ペーソス，やさしさ，暖かさが，周りに伝わり，菅原さんたちの講演は笑いの渦に包まれるのだろう．「ああこんな生き方があるんだ」と，聴く人に勇気を与えるのだろう．

　本書もそんな菅原夫妻の生きざまを表したものになっている．恋愛や結婚が病気や障害を体験した人にはタブーであったような時代はもう終わりにしなければならない．病気や障害の体験は，従来マイナスの価値であったが，菅原夫妻の姿を見ると，マイナスをプラスに転じた生き方を実

現している．病気や障害の体験のあるなしに関わらず，私たちは生きる中でさまざまな挫折や躓きを経験する．そんなときに本書を読み返していただきたい．もう一度生き直してみようと励まされるに違いない．

2002年12月24日

やどかりブックレット編集委員会

やどかりブックレット・障害者からのメッセージ・10
過去があるから今がある今があるから未来がある・II
結婚　和子と進のラブストーリー
2003年2月15日発行

編者　やどかりブックレット編集委員会
著者　菅原　和子　　菅原　進
発行所　やどかり出版　代表　増田　一世
　　　　〒330－0814　さいたま市染谷1177－4
　　　　TEL 048－680－1891　FAX 048－680－1894
　　　　E－Mail　johokan@yadokarinosato.org
　　　　http://www.yadokarinosato.org
印刷所　やどかり印刷

やどかり出版　本体価格（1,000円）　　ISBN4-946498-62-1C 0036-¥1000E